文史哲學集成

蔡秋來著

宋代繪畫藝術成就之探研

文史哲出版社印行

宋代繪畫藝術成就之探研 / 蔡秋來著. --初
版. --臺北市：文史哲, 民 97.08 印刷
頁： 公分.（文史哲學集成； 9）
參考書目：頁
ISBN 978-957-547-150-7 (平裝)

1. 中國藝術 – 宋（960-1279）評論

909.205

文史哲學集成 9

宋代繪畫藝術成就之探研

著 者：蔡 秋 來
出 版 者：文 史 哲 出 版 社
http://www.lapen.com.tw
e-mail：lapen@ms74.hinet.net
登記證字號：行政院新聞局版臺業字五三三七號
發 行 人：彭 正 雄
發 行 所：文 史 哲 出 版 社
印 刷 者：文 史 哲 出 版 社
臺北市羅斯福路一段七十二巷四號
郵政劃撥帳號：一六一八〇一七五
電話886-2-23511028・傳真886-2-23965656

實價新臺幣四〇〇元

中華民國六十九年（1980）四月初版
中華民國九十七年（2008）七月 BOD 初版一刷

ISBN 978-957-547-150-7

宋代繪畫藝術成就之探研

目錄

「宋代繪畫藝術成就之探研」提要

宋代爲我國繪畫藝術之黃金時代，其璀璨之藝術成就，爲我國文化中之瓌寶，亦爲世界藝術之奇瓘，故應加以闡揚，以使世人共賞我民族之至藝，並激勵國人於緬懷先賢之藝術宏猷之餘，能啓毓新機，開創一可大可久之國畫新境，此爲本文研究之鵠的。

爲徹底探究宋代繪畫藝術之成就，故凡宋代藝術名家之內在創畫思想與作畫精神，以及構布畫藝之可貴技法與風格，均加周詳申論。全文都十萬餘字，共分十章論述。

第一章「宋代畫家獻身藝術之精神」。宋代繪畫藝術之所以能有偉大之光輝成就，乃由於宋代多數之名家抱持「爲藝術而藝術」之信念，並能以其實際之生活以體現藝術之機趣。爲使世人深切明瞭宋代名畫家之忠於藝術之可敬精神，乃列「獻身於藝術之思想與情操」及「忠於藝術而與造物爲友之態度」兩項，分別以理趣佐以畫家篤誠之實際繪畫生活加以闡述。

第二章「宋代重要畫論之釋義」。爲深切探究宋代繪畫藝術之成就，應作正本清源之研究，而以「當代之人記當代之藝」之畫論，不僅能明瞭宋代繪畫藝術之本源，而畫論本身亦屬藝術成就之範疇，故加以揭揚闡論。惟宋代文藝兼善之士多喜談畫藝，以致論說紛紜，雖均能言之成理，然其風規體法足供範世之銘心讜論仍屬有限。經精甄詳審之後，揭其要者，分列爲「歐陽脩論畫之釋義」、「蘇軾論畫之釋義」、「鄧椿論畫之釋義」、「郭若虛論氣韻非師之釋義」及「黃休復推重逸格之釋義」等五節，逐節作精詳之論述。

第三章「宋代學術思想與繪畫藝術之相互關係」。宋代繪畫藝術之精妙特色乃在於畫學與理學相映發、畫境與文學之詩意相伴隨，因而使繪畫藝術產生清新脫俗之趣韻。本章爲隆重其事，遂分爲「宋代繪畫進入文學化之因緣」及「宋代畫院以詩題簡試對畫學進展之意義」兩節加以論述。前節著重畫境韻致與理趣之相互關係；而後一節則側重於畫院以詩題簡試生徒所產生之文學化之清新畫藝效果。

第四章「宋代繪畫成就之新觀」。爲對宋代繪畫藝術之成就作總體之認識，故本章着意於對宋代之名家至藝作大體之介述。惟我國自宋以後之評畫論畫輒受郭若虛「論古今優劣」及受鄧椿鄙視畫院之深重影響。郭鄧高邁常流之論見固多有其可貴之價値，惟二者之畫藝記事均受斷代切割之弊，而未能綜覽趙宋名蹟及名家畫藝跨世之傑作，因而部分論說乃未能切合畫藝全程發展之實情，故本章乃博引旁徵各有關之著錄文獻，以全牛之目，廣朗之心，依郭若虛「論古今優劣」所提示之畫科，力言新觀，以匡其斷代論事不足之弊，並正大衆之視聽。

第五章「院外繪畫成就之探研」。宋代繪畫藝術之所以臻盛，最主要之原因，乃是畫藝人材之芸芸輩出，畫家多能依其個別賦性之殊異，而創營各種爲其所嗜喜之畫科，因而各畫科之業績均有非凡之表現。在趙宋皇朝之藝壇上，畫藝分由社會各階層之畫家及畫院之職業畫家所創畫，因社會大衆之畫家與與畫院畫家表現之畫藝格趣及影響之勢力範疇有所不同，爲述說方便計，兩者析離分章，本章特就院外畫家所創營之繪畫成就，大體分科，並依類闡述其被世人見重之理趣，及其進展之態勢，同時就各畫科之宗師巨匠之創藝成就作精要之述說，以明院外畫家對繪畫藝術深鉅之貢獻。

第六章「畫院繪畫成就之探研」。宋朝設置之畫院幾與趙宋皇朝之命運同其始終，由於皇室之積極提倡繪事，及厚遇畫院名家，因之，畫院人才輩出，其佳妙之畫蹟乃與時競新。宋畫院畫家所創作之畫蹟，於質於量均大有可觀，與院外畫家所表現之畫藝成就適呈分餘爭輝之勢，而共蔚宋代繪畫藝術璀璨之偉績，故特闢章申論，依諸畫科之突出表現之名蹟詳加說明，以明其獻猷。因宋畫院輒受後代宗派論者及不明其全盤繪事績效之文人所斥軋，爲重視畫院所締創之畫藝佳績，故於本章之末，力辟非當之論，以維護宋畫院華嚴豐多之畫藝成就。

第七章「宋代繪畫創格之大觀」。藝術風格之開創，爲藝術生命之宏發，亦爲藝術價值之所寄。宋代畫家不僅多能秉承前代繪畫優良傳統之垂範，尤能以推陳出新之氣魄與藝能，開創嶄新之風格。綜觀趙宋藝壇，專一體之善者代不乏人，擅一藝之精者比比皆是。本章僅拈出特具空前創格之至藝標列「李公麟之白描畫」、「徐崇嗣之沒骨圖」、「米家之雲山」以及「馬一角，夏半邊」等四節加以申論，以作宋代畫人創格之觀隅。

第八章「宋代山水畫之皴法研究與特創畫技之誌趣」。山水畫爲國畫之首要畫科，而我國山水畫大成於宋。皴法素來被視爲山水畫之靈魂，而多種主要皴法均創自宋代畫家之手，此種非凡之成就，宜加闡揚。本章就宋人所創發之諸種皴法溯其源緒，探其訣要，引經據典，加以詳論。其次，宋代名家巨匠因醉心於藝術，常凝志演創畫技，以求佳藝播世。然則因部分技法離越常規，有違傳統，故後世不傳，但其創意殊足珍貴，故集錄成文，以示宋代繪畫藝術成就之一端。

第九章「宋代名畫家墨法成就之探研」。水墨爲表現國畫最重要之要素，「畫道之中，水墨爲上」是也。我國以水墨作畫由來已久，而對水墨作墨之技法創營，代有佳績，至趙宋，諸畫藝宗匠累承前人之法意，進而積極創研運施水墨之妙方，因而獲致多種輝煌之成果，範法於後世。本章揭示宋畫家對水墨表現有空前之造詣者列論四人而分爲如下四節：「惜墨如金之李成」、「善用各種墨法之米芾」、「墨法麗如染傳之夏珪」以及「水墨淋漓酣暢之梁楷」。以上各節依各家水墨精藝之所在作廣涉之研討，故雖僅列述四人之創營妙藝，實則包容宋代水墨成就之要詣。

第十章爲本文之結論。在結論中簡要概述宋代繪畫藝術不論繪畫思想、作畫精神及實際創作之成就均臻達高邁之境界，爲我國繪畫藝術開創一往古所未有之新紀元。方今我國正值大力提倡復興文化之際，吾人應特別珍惜宋代繪畫藝術，並積極闡揚宋代之美術思想，以之喚起國人以繼往開來，承先啓後之襟度，開創出偉壯之畫學新境界，藉此作爲復興中華文化之礎石，進而以此文化力量化爲建國之主力。

第一章　宋代畫家獻身藝術之精神

近代西洋之藝壇盛行「爲藝術而藝術」（art for art's sake）之創作精神，而國人一則眩於西洋近世之輝煌藝術成就，一則因少鑽研瀏繹我國寶貴之畫史畫論，心腦中茫然無所憑藉，以爲「爲藝術而藝術」之忠於藝術之理念與精神，西洋藝術家方有其志，而作興於近代。因之，我國藝壇上之所謂前衞藝人，先進畫家，以及有志於獻身藝術工作之後起之秀，與一般對藝術關愛之社會人士，無不以西洋之「爲藝術而藝術」之口號作爲其高尙之職志，並以之引爲前進之思潮，因而益形鄙棄我國固有之珍貴創藝精神，斲喪由本國文化沃土中綻放出帶有漢民族豐美華嚴特色之藝術花朵之生機。基此原因，吾人應積極探研我國藝壇先賢之忠於藝術之觀念、理趣、行誼及風範作爲國人對藝術創作之精神支柱，依此強有力之精神支柱，以繼往開來之魄力與心志，開創出一可大可久而含蘊我中華民族血脈之璀璨藝術。

就繪畫藝術而言，國人一向視繪畫爲文人陶冶心性，愉情怡神以及抒懷寄興之高雅行爲，而由此理念之推演，遂使熱愛繪畫之藝人爲求寄情於大自然之景物，深體大地萬物之榮枯生息之體貌，進而把握宇宙輪遞演化之契機，因而其生活乃求與造物者爲友，蓄養高尙之情操，以澄懷味象之雅趣，終日陶然於藝林之園圃，寄興煙霞，縱情於丹青，樂此不疲，甚而生死以之而不知老死之將至。我國古代藝林之先哲其忠於藝術生活與創作大都類此，而其體現「爲藝術而藝術」之信念，乃以其實際之生活完成之，非近時之徒托空言，懸爲口號者所可同日而語。

宋朝爲我國繪畫藝術之黃金時代，而其蔚爲黃金時代之契機，固有多端，然其最重要因素之一，厥爲宋朝畫家普遍具有「爲藝術而藝術」之創藝精神，以及以實際生活體現藝術創作之旨趣與熱忱。而以實際生活體現藝術創作之旨趣與熱忱，則可分爲獻身於藝術之思想與情操，以及爲培養繪畫之靈性與蒐集繪畫之素材而與造物者爲友之態度。爲方便計，茲引錄文獻所載者分別說明如下：

獻身於藝術之思想與情操

如衆所皆知，蘇東坡爲集詩、書、畫三絕於一身之我國罕見偉大天才藝術家。鄧椿於其畫繼之軒冕才賢篇中，置子瞻於首位，並極稱其高名大節，照映古今。而記述其藝業據德依仁之餘，游心茲藝，所作枯木枝幹，虬屈無端倪，石皴亦奇怪，如其胸中盤鬱。而其寫繪墨竹輒能以清拔之才思，運施於文與可之妙法，故能產生逼人之英風勁氣，成就高拔超俗之風格。而其寒林之作，則自信已入神品（註一）。考稽東坡居士之所以有如此輝煌之藝術成就，乃植基於其早歲所培養之「薄富貴而厚於書，輕死生而重畫」（註二）之愛重藝術之思想與情操所使然。子瞻之薄富貴，輕死生而專重於藝術之創爲，最足以表現出宋代藝術家「爲藝術而藝術」之純潔高尚精神。而宋代許多人品高尚之藝術家其研創畫藝之動機，雖不若坡翁之重畫而輕生死之超絕襟度，然每多有薄富貴、棄名利，僅藉丹青以遣情、以寄意之高雅舉措。如畫藝馳名於紹聖元符間之朱象先，因其高尚志節，爲文作畫，不爲名利，僅求適慰其心意而已，故爲東坡所深識，因而跋其畫云：「能文而不求舉，善畫而不求售，文以達吾心，畫以適吾意而已」（註三）。另有何克秀才者，能寫貌，其作畫之態度類似朱象先，故坡翁贈以「問君何苦寫吾眞？君言好之聊自適」（註四）之詩，以旌其專志作畫，而不干求名利之風範。

在北宋之諸多文臣與文藝修養並優之宗室中，因其地位特殊，不爲生計所苦，亦不必爲名利多所鑽營，故其畫藝之表現，乃多以之作爲遣情自娛，或託懷寓意而已。茲摭取史例以爲證言。

文臣宋道，字公達，洛陽人。以進士擢第爲郎。善畫山水，閒淡簡遠，取重于時。但乘興卽寓意，非求售也，其畫故傳于世者絕少（註五）。

內臣李仲宣，字象賢。始專於窠木，後喜工畫鳥雀，頗造其妙。……然人間罕見其本者，以其寓意於燕雀之微，不求聞達以自娛爾（註六）。

在宋朝諸多以畫藝名世之朝臣中，英宗駙馬王詵尤稱出類拔萃者，而其熱愛藝術之程度亦當列爲首選。畫繼記稱其雖在戚里，而其被服禮義，學問詩書，常與寒士角。平居攘去膏粱，黜遠聲色，而從事於書畫，作寶繪堂於私第之東，以蓄其所有，而東坡爲之記。至於寶繪堂所庋藏藝術品之豐多精麗，可以「疊床架屋玲瓏滿目」稱之。而晉卿之以澹泊之心志游意於畫藝之創作，於東軒之贈詩中可以概見。詩云：

錦囊犀軸堆象牀，叉竿連幅翻雲光；手披橫素風飛揚，卷舒終日未用忙。游意澹泊心清涼，屬目俊麗神激昂（註七）。

至其爲藝術之演練與創爲而紓尊降貴，常與寒士從游，則視藝術爲超乎地位階級之神聖事物，此種行誼，比之以畫藝作爲干利祿，謀名位者實不可以道里計。

圖畫見聞誌之撰述者郭若虛，對於純粹爲藝術而藝術之藝術家，特別推重見愛，故於其紀藝卷中特闢高尚一欄與帝王士夫並列，其微旨深義，至足爲感。高尚其事，以畫自娛者誌錄二人，其一爲被宣和畫譜記列爲「于時凡稱山水者必以成爲古今第一」之李成。成，志向沖寂，高謝榮進，博涉經史外，尤善畫山水寒林，神化精靈，絕人遠甚。開寶中，都下王公貴戚，屢馳書延請，成多不答，學不爲人，自娛而已（註八）。另一位乃是較不爲世人所聞知之宋澥，澥爲長安人，姿度高潔，不樂從仕，圖畫之外，無所嬰心。善畫山水林石，凝神遐想，與物冥通，遇興登樓，有時操筆，故人間多不見其迹，有「烟嵐曉景」、「奔灘怪石」等圖傳於世（註九）。

稽諸畫史，大凡高尚其志，以畫自娛者，其流傳之畫跡均多不見，即如鼎鼎大名之李成，其畫跡至距其不甚久遠之米芾時代，據其畫史所述，僅能見一二本眞蹟，故欲倡無李論（註一〇）。有關營邱眞蹟何以傳世者甚少，呂佛庭氏在其中國畫史評傳中之李成評傳部分內研討甚詳，而其結論謂因營邱生平應酬之作少，故傳世者不多（註一一），其實，此不僅道出營邱作品殊少之原因，亦可謂道盡我國自古以來高尚志節以畫自娛者其作品鮮傳之主要因素。而就另一角度而言，正因畫家之高尚志節，秉持高潔，學不爲人，僅以丹青畫藝頤養天性，故其所作之畫品乃能蓄韻超俗，迥然生色，或爲時人所推重，或留芳千古。

而以維護古軸舊圖，縈心丹青藝業絕續爲己志之鄧公壽，繼圖畫見聞志之後，稽之方册，益以見聞，參諸自得，而著畫繼一書，師郭若虛推愛高尙其志，以畫自娛之實心獻身於畫藝者之餘意，乃增拓其流品之範圍，而另立名目爲軒冕才賢與巖穴上士，因其資性聰敏，人品潔介，當其運素揮毫時每能盡捨名利觀念，而以高雅之情臨之，其意思之所至，僅在於寄其飄然之雅興於烟霞之外，故其畫蹟乃能具有「一紙千金不當價」之寶貴價值。在另一名目項下之道人衲子，其資性雖不若軒冕才賢，巖穴上士之明敏俊雅，然其爽逸之情思，空棄名利之修爲，運施於畫藝，則純屬爲藝術而藝術矣。

至若南宋時代，雖乏當代如郭若虛、鄧椿之偉大畫史專家，蒐羅藝壇名流之動態，撰述成册，然稽之清朝厲鶚所編纂之南宋院畫錄中，屢能發現以畫藝爲其終身之職志者，擧其要者而言，如被譽爲南宋四大家之李唐、劉松年、馬遠、夏珪均爲終身致力於藝術之創作而無所旁騖。李唐於徽宗朝卽以卓越之畫藝補入畫院，亂離後至臨安，時年已八十，然仍鼓其忠於藝術之素志，繼續服職於畫院，創畫諸多感人之名跡，以致贏得後人崇高之禮敬，而有「晞古丹青得正傳，院人雅有昴霄志」之佳譽。（註一二）因體格高雅，緜繪清潤而獲冰清令譽之劉松年，其所以能有如此佳妙之成就，乃因其專心丹青，終日執痼煙霞有以使然（註一三）。而以「馬一角，夏半邊」之奇逸風格，同時享盛名之馬遠與夏珪，亦皆以畢生之精力凝注於畫藝之創作。論者或謂劉、李、馬、夏乃畫院中人，而畫家旣服職於干求名利之宮廷畫院，則其作畫之精神已然失去高尚之情操，顯然違離「爲藝術而藝術」之崇高寄鵠。實則，從另一情理而言，畫院之衆多享有盛譽之巨匠名家，無不矢志於丹青之習，寄興於煙霞之表，務意於高尚之情思，沉潛於永恒藝品之創作。而其膺職於畫院，並非其貪圖榮華富貴之初衷，乃是先謀求鷦鷯之棲，以安定其生計，而後方能以安適之心情研創畫藝。其服職期間難免有執役之煩勞，然公務蕆事，亦有其自由創畫之機會，而此種場合，輒能暢所欲爲，表現其自家喜愛之繪畫內容與風格，而類此行誼亦應視爲畫院畫家爲藝術而藝術之表現，不可像一般昧於事理之研討者，一口咬定凡畫院之畫家均爲缺乏思想，毫無高尚情操之工匠。

雖然，我國古時亦有部分識見偏頗之士，視繪畫藝術爲奇技淫巧之屬，因而加以賤視。實則，凡學養卓越，心性靈妙之士，均能體認畫藝有含造化之功，觀象省躬，而毓儒雅之道，並能通啓襟靈，故賢達之士乃借題發揮其寶愛畫藝之思致，如杜子美於其丹青引中，感興吟云：「丹青不知老將至，富貴於我如浮雲」。而王右丞則因縈心畫藝而把雅愛丹青之時空觀念豁開，興言「夙世謬詞客，前身應畫師」。（註一四）而此一「今生樂此難爲繼，只好託言前生事」之韻事美談至趙宋猶嗣響有人。如晁補之之被愛重其藝能者詠頌爲「前身阮始平，今代王摩詰」（註一五），而眞正「爲藝術而藝術」之偉大藝術家，表現於不營謀富貴，不干求利祿而僅作爲遺情寄興，爲一層次；而另一更深邃之層次則有終身愛之，生死以之之執着精神。此在趙宋皇朝三百餘年中可謂代不乏人，然其中畫藝與人品並隆者當數龍眠居士李公麟，其一生潛心於丹青，雖曾致仕三十年，然未曾一日忘乎山林，而當其仕宦居於京師，亦不遊權貴之門，因其畫藝高妙，載道淵深，故其藝術成就被蘇東坡嘉譽爲「有藝有道」。而其篤好繪畫之創作幾無間斷，於老病臨身，距歸道之日無多之期，猶且縈心凝志於斯藝。宣和畫譜記謂：「晚得痺疾，呻吟之餘，猶仰手畫被作落筆形勢，家人戒之，笑曰：『餘習未除，不覺至此。』」（註一六）古人獻身藝道，「爲藝術而藝術」之篤好精神至足爲後學者之楷模。

忠於藝術而與造物爲友之態度

國人自古以來卽以師造化奉爲作畫創藝之信條，誠然，嶽鎭川靈，海涵地負，大塊毓育衆生，載負萬物，殊形而異性，以藝術家之眼光而言，則彼萬物適爲其資寫描狀之對象，而衆生化育之資性，則爲藝術家託寄性理，表宣靈思之要目。故往昔畫藝之宗師名家無不以泉石膏肓，煙霞痼疾以諂晦，並樂觀動植飛潛之生態，寄情於萬象之可愛處。簡言之，卽以民胞物與之襟度而與造化爲友，從而創演爲天下之絕藝，寄其佳妙之觀感於丹青。而此種以畫藝聯運於藉師造化之思想，從唐朝張璪員外郎倡論「外師造化，中得心源」之佳旨具體傳述以後，諸代畫士乃奉爲綸音。宋承唐後，此種師造化之思想更爲理學民胞物與觀念之煽發助益，而轉變爲以實際之生活相印證，因而於趙宋之藝壇上遂匯激爲一股畫藝實證主義之洪流，寫實、寫眞、寫生之風尚乃勃興於山水、人物、花鳥各畫科。茲據文獻抽引重要之史例以爲言證。

與董源、李成並稱爲北宋三大山水畫家之范寬，始學李成，既悟，乃歎曰：「前人之法，未嘗不近取諸物，吾與其師於人者，未若師諸物也；吾與其師於物者，未若師諸人。」於是捨其舊習，卜居於終南太華岩隈林麓之間，而覽其雲煙慘淡，風月陰霽難狀之景，默與神遇，一寄于筆端之間，則千巖萬壑，恍然如行山陰道中，雖盛暑中，凛凛然使人急欲挾纊也。故天下皆稱寬善與山傳神，宜其與關李，並馳方駕也（註一七）。

而蘇東坡之非凡藝術成就，亦從藉資造化之機契中磨鍊而成。明朝李日華在其所撰竹嬾論畫篇中，曾詳記坡翁演練藝術之行宜。謂：「東坡先生雖天材卓逸，其於書畫二事，乃性所篤嗜，到處無不以筆硯自隨。海南老媪，見其壁裹燈心紙作字。（中略）其在黃州，偶途路間，見民間有叢竹老林，即雞棲豕牢之側，亦必就而圖之，所以逸筆草草，動有生氣，彼固一時天眞發溢，非有求肖之念也。」（註一八）

以坡翁才藝之高超，猶欲瓣香於其墨竹畫藝之文同，其墨竹之所以臻達「檀欒飄發之姿，疑風可動，不笥而成」之妙境，除其「天資潁異，胸中有渭川千畝，氣壓十萬丈夫」之氣魄之外，實得力於其駐守洋州時於篔簹谷構亭其上，爲朝夕遊處之地，故於畫竹愈工（註一九）。

因奇逸之雲山畫格而被董玄宰極譽爲「畫至二米，古今之變，天下之能事畢矣」（註二〇）之米芾及其子元暉，其所以有如此卓越之畫藝成就，亦由取資造化之自然情境，加以心智之驗證而得。宋趙希鵠於其洞天清祿中記謂：「米南宮，多游江湖間，每卜居必擇山水明秀處。其初本不能作畫，後以目所見，日漸模放（倣）之，遂得天趣。」（註二一）而董其昌於其畫旨中更證言道：「米南宮襄陽人，自言從瀟湘得畫境。已隱京口，南徐江上諸山，絕類三湘奇境。……余洞庭觀秋湖暮雲，良然，因大悟米家山法。」（註二二）而關於其子元暉畫境之來歷，則更清楚記稱「米元暉又作海岳菴圖，謂於瀟湘得畫境，其次則京口諸山與湘山差類。元暉未嘗以洞庭北固之江山爲勝，而以其雲物爲盛，所謂天閑萬馬，皆吾師也。但不知雲物何以獨於兩地可以入畫。或以江上諸名山所憑空濶，四海無遮，得窮其朝朝暮暮之變態耳」。（註二三）

在趙宋宗室中擅長畫藝者比比皆是，其苦心經營畫境之精神亦多令人感佩，然欲求其友造化而師自然之機趣，則每因其身分地位之特殊而不能遂其高雅之情志，此種現象可以趙令穰爲代表，令穰資性高雅，嗜喜畫藝，每出一圖，必出新意，然乏豪壯之氣，蓋因其職位拘絆，不能遠適，所見止京洛間景，不出五百里內故也（註二四）。然則，宗室貴胄間亦有因嗜畫藝，乃擺脫身分之拘束而投身於庶民之行列中，攝取自然之樂趣，以爲畫藝之所資者。如宗室仲僩，雖長於宮邸，然不以塵俗汩其意。雅好繪畫，雖寒暑不捨。既久，益加進，既進自得，無所往而不經營畫思。每歲都城士大夫有園圃者，花開時必縱人遊觀，仲僩乃載酒行樂，初無緣飾，汎然於遊人中，以筆篋粉墨自隨，遇興來，見高屏素壁，隨意作畫，率有佳趣，或求則未必應也（註二五）。如仲僩之無所往而不經營畫思，視佳景而興繪，可云富貴中人少有之嗜畫者。

以採擷諸家之美，參成一藝之精，而聞名於眞宗朝之高克明，其親切造化之態度，則與范寬相類，聖朝名畫評記其行宜云：「高克明，喜幽默，多行郊野間，覽林山之趣，箕坐終日。歸則求靜室以居，沉屏思慮，神遊物外，景造筆下（註二六）。

其實觀乎宋代山水名家，無不以高逸之態度切近大自然，與造化爲友，進而以筆墨傳造化之消息。無怪乎論者恒於山水畫大成於趙宋爲定論。

趙宋藝壇寫生風氣之鼎盛，表明出宋代畫家親切自然，體貼造化之情致。如以寫生聞名千古之趙昌，據江少虞皇朝事實類苑記述其成名之事蹟謂：「趙昌善畫花，每晨朝露下時，遶闌檻諦玩，手中調彩色寫之，自號寫生趙昌。」（註二七）

一生不輕許他人長藝之米芾，對劉常則破格嘉譽其「花氣格清秀有生意，固在趙昌王友上」（註二八），而劉常之所以有如此超乎常流之畫藝成就，實奠基於其親近自然，與其實際之生活體驗自然之生態而來。宣和畫譜特就其親切造化之行宜記謂：「劉常，畫花木名重江左，家治園圃，手植花竹，日遊息其間，每得意，輒索紙落筆，遂與造化爲友，染色不以丹鉛襯傅，調勻深淺，一染而就。」（註二九）。

雖則趙宋藝壇上專擅於寫生之畫家，爲數衆多，然其苦心孤詣之精神則應首推易元吉。宣和畫譜記其寫生之事蹟謂：「嘗於長沙所居之舍後開圃鑿池，間以亂石叢篁，梅菊葭葦，多馴養水禽山獸，以伺其動靜游息之態，以資於畫筆之思致，故寫動植之狀，無出其右者。」（註三〇）而圖畫見聞誌對其專志於畫藝，務意於寫生，而欲友造化，藉資演創天下奇藝之凝篤精神，則有更深刻精詳之描寫。謂：「易元吉始以花果專門，及見趙昌之迹，乃歎服焉。後志欲以古人所未到者馳其名，遂寫獐猿。嘗遊荊湖間，入萬守山百餘里，以覘猿狖獐鹿之屬，逮諸林石景物，一一心傳足記，得天性野逸之姿。寓宿山家，動經累月，其欣愛勤篤如此。」（註三一）而閱之圖畫見聞誌所記有關易元吉，爲觀覘野獸林石之景趣，以資畫藝之精絕，而冒險犯難深入於蠻荒之深山，其獻身於丹青，爲藝術而藝術之可敬風範，將於青史同留。

附註

一：「畫史叢書」（文史哲出版社，民國六十三年三月初版），第一冊見鄧椿「畫繼」卷三，頁一二。

二：見「中國畫論類編」（河洛圖書出版社，民國六十四年五月臺景印初版）頁四八，蘇軾「寶繪堂記」。

三：同註一書，卷四頁二七，見朱象先條。

四：同前註書卷，頁二八，見何克秀才條。

五：同註一叢書，見「宣和畫譜」卷一二頁一二九文臣宋道條。

六：同前註書，卷一九，頁二四五，見內臣李仲宣條。

七：同註一書，卷二，頁九，見王詵條。

八：同註一叢書，見郭若虛「圖畫見聞誌」卷三，頁三七李成條。

九：同前書卷，頁三八見宋澥條。

一〇：黃賓虹、鄧實合編「美術叢書」（第四版影印本），二集第九輯，見米芾「畫史」，頁一〇。

一一：見呂佛庭「中國畫史評傳」頁一三〇—一三一。

一二：同註一叢書，第三冊，見厲鶚「南宋院畫錄」卷二，頁九，「眞蹟日錄」誌張丑「銘心籍」詩中。

一三：同前註書，卷四，頁八六，見祝允明題家藏劉松年小方詩有「暗門終日痼煙霞，寫得東南處處佳」之句。

一四：同註五書，卷一〇，頁一〇一，見王維條中。

一五：同註一書，卷三，頁一五，見晁補之條中。

一六：同註五書，卷七，頁七五，見李公麟條中。

一七：同註五書，卷一一，頁一一七，見范寬條。

一八：同註二書，頁一三四，見李日華「竹嬾論畫」。

一九：同註五書，卷二〇，頁二五三，見文同條。

二〇：見于樸編「中國畫論彙編」（京華書局，民國六十一年十一月出版），頁七七，董其昌「畫旨」文中。

二一：見黃賓虹與鄧實合編之「美術叢書」初集第九輯，趙希鵠「洞天清祿集」文中。

二二：同註二〇書，頁八四，見董其昌「畫旨」文中。

二三：同註二〇書，頁八六。

二四：同註一書，卷二，頁六，見趙令穰條。

二五：同註五書，卷一六，頁一九〇，見宗室仲侗條。

二六：同註五書，卷一一，頁一二二，見高克明條。

二七：清聖祖敕撰「佩文齋書畫譜」（新興書局，民國五十八年九月新一版），第二冊，頁一〇七八，見趙昌條。

二八：同前註書，頁一〇七九，見劉常條中。
二九：同前註書頁。
三〇：同註五書，卷一八，頁二二一，見易元吉條。
三一：同註八書，卷四，頁五九，見易元吉條。

第二章　宋代重要畫論之釋義

趙宋皇朝，在畫學上累承先代之啓毓感發，再加上當代熱心藝術人士之積極群起倡論畫學，於是繪畫藝術乃大爲發展。趙宋時代之文士與藝人多喜愛論畫，故論畫之風氣可謂宋朝文士藝人之特色，考諸文獻，在趙宋一朝論畫者先後超過二十六家之衆（註一）。其中或作一般之泛論，或關專題之探討，各家之論見雖不能均具有超凡範世之價値，然皆能持之有故，言之成理，而其中則多有振聾啓聵發人深省之銘心讜論，玆特舉最足以動人視聽而大益於丹靑畫道之論見，加以周圓之闡述，以作探研宋代繪書藝術成就之要鑰。

第一節　歐陽修論畫之釋義

我國繪畫藝術自古以來卽有「疏密」兩種不同之表現方式，所謂「疏」，乃是作畫只對物象佳妙之意趣作勾要之描寫，而略棄不必要之蕪雜部分，因而顯現於畫境之物象或景致，雖非工整完備之造形，然則由於畫家於作畫之際能去蕪淘滓，作勾精擷韻之寫繪，故所呈現之畫境乃令人產生「筆簡意賅」及「失於自然而後神」之機趣。至於「密」，乃是畫家爲表現物象之「整全」、「豐美」之形象，而以工整細緻之手法對物象作精巧細密之刻畫，因之，所完成之作品乃有「逼近生態」「妙肖自然」之美觀。畫家因其賦性與習作狀態之不同，所表現之畫藝乃有以周密工緻見長，或以疏淡清逸取勝者，然「疏密」兩體同爲國畫長久以來之優良傳統。有關「疏密」兩體之理念，張彥遠在其「論顧陸張吳用筆」文中有持平之論：

顧陸之神，不可見其盼際，所謂筆跡周密也。張吳之妙，筆纔一二，像已應焉。離披點畫，時見缺落，此雖筆不周而意周也。若知畫有疏密二體，方可議乎畫，或者頷之而去（註二）。

清方薰之「山靜居畫論」對畫格之疏密亦作有極公允之論述：

畫有法，畫無定法，無難易，無多寡。嘉陵山水李思訓期月而成，吳道子一夕而就，同臻其妙，不以難易別也。李范筆墨稠密，王米筆墨疏落，各極其趣，不以多寡論也。畫法之妙人各意會而造其境，故無定法也（註三）。

張彥遠與方薰資性純正，學養賅博，故持論平穩公正，吾人應特別重視此類宏論，以發揚我國藝道之正則。

誠然，疏密異格，而意趣殊方，其藝術價值實難分軒輊。唯專重工巧精密之畫藝，如不豐造氣韻以表雋妙之情致，輒易使畫境陷於機械之匠氣，有違藝術宏發性靈，表現情思，妙造第二自然之可貴命意。

歐陽脩博通文學，練達人情，因而旁涉藝術之理趣，遂提出可貴之鑑畫論旨：

蕭條澹泊，此難畫之意，畫者得之，覽者未必識也。故飛走遲速，意近之物易見，而閒和嚴靜，趣遠之心難形。若乃高下嚮背，遠近重複，此畫工之藝耳，非精鑒之事也。不知此論為是否，余非知畫者，強為之說，但恐未必然也。然世謂好畫者亦未必能知此也，此字不乃傷俗邪（註四）。

歐陽脩所論及之「蕭條淡泊，此難畫之意」，與「閒和嚴靜，趣遠之心難形」正道出繪畫藝術要妙之觸機，藝術之可貴除能體現物象高下，嚮背、遠近、重複等理法之外，尤應究心於性靈情思之表出，而蕭條淡泊之畫意及閒和嚴靜之畫境，可謂藝術心匠之極致。如此以觀，則歐陽脩論述鑑畫之要意則凌越「疎密」體格之範疇，而直取藝術之精義所在矣。

歐陽脩本來並非善於畫藝者，其說法亦不敢強欲世人景從之，然其才資出衆，識見清奇，加以其地位崇高，故其簡約而精當之論見，在有形無形中乃廣泛影響於趙宋畫壇中，尤其更深鉅影響於宋朝文人畫家之領域中，其所持蕭條澹泊，與閑和嚴靜趣遠之畫意見解，幾為趙宋文人畫家奉為無上之「不二法門」。因為畫境唯其能表現蕭條澹泊之佳妙畫意，方見其高雅脫俗；而畫境中能蘊蓄閑和嚴靜趣遠之思致，方能具有疎宕散逸之無窮高尙氣韻。而高雅脫俗之風格與疎宕散逸之高尙氣韻，則為文人畫最精要之畫藝命意之所在，亦為文人畫畫藝最珍貴之處。因之，歐文忠公倡論卽起，則趙宋多數文人畫家乃翕然景從，或師取其雅意之所在，默然運施於畫境，或聲氣相通而引發旨趣類似之論說，藉以興蔚風氣，而基此理趣，鄧公壽於撰述當代畫藝人物事蹟之際，特立軒冕巖穴二門，而以高雅為宗，為其點睛之筆。

第二節 蘇軾論畫之釋義

蘇軾論畫云：

余嘗論畫，以爲人禽宮室器用皆有常形，至於山石竹木水波煙雲，雖無常形，而有常理。常形之失人皆知之，常理之不當，雖曉畫者有不知，故凡可以欺世而取名者，必托於無常形者也。雖然常形之失止於所失，而不能病其全，若常理之不當，則擧廢之矣。以其形之無常，是以其理不可不謹也，世之工人，或能曲盡其形，而至於其理，非高人逸才不能辦（註五）。

坡翁天機超逸，學究天人，其所暢論畫藝中常形與常理之要義，不啻爲宋代之畫學思想開闢一條正大光明之坦途。我國丹青畫藝，自古以來多以「成教化，助人倫」爲其創作之要目，而其創作之主要內容則以道釋人物畫居多，而欲以道釋人物故實之典範達到教化人倫之目的，則形似之考究爲必要之擧。如不注重畫相形象之妙肖，則忠奸不分，賢愚相混，則難以收到教化人倫之效果。因之，畫藝之形似觀念乃深植於國人之心腦中，幾乎成爲觀畫論畫牢不可破之「公理」。而此一觀念竟至連識見通達之唐朝大詩人白樂天亦堅持「畫無常工，以似爲工，學無常師，以眞爲師」之論調（註六）。幸而，國人之畫學理念至五代時總算頗有進境，後蜀歐陽炯毅然提出「六法之內，惟形似氣韻二者爲先，有氣韻而無形似，則質勝於文；有形式而無氣韻，則華而不實。」（註七）然則，何以使具有文華美姿之形似與質實內蘊之氣韻相互融化，而使畫境產生文質並茂，形似與氣韻兼俱之畫境，則爲一深沉嚴重之理路，而此一深沉嚴重之理路，却爲繪畫藝術表現上所難以臻達解脫之觀念，然坡翁竟拈出常理之說，以救助古來畫藝觀念注重形似之偏頗觀念，並因之而推動畫學之進境，同時啓發當代及後代之畫家創畫出風格更爲嶄新，境界更爲整全，內容更爲豐富之藝術品。

第三節　鄧椿論畫之釋義

鄧公壽之道德學問在宋朝諸文士中，雖然不若歐文忠公及坡翁諸人遠甚，但其對畫藝之關愛索研，則渡越多士，因其嗜篤既深，廣蒐精研，故其所獲得之畫藝論點，則有其獨到之處，且亦有其深遠之影響。尤於其雜說論遠中主張不獨人有神，物亦有神，此點可謂見前人之所未見，發前人所未發之宏論。其文云：

畫之爲用大矣！盈天地之間者，萬物悉皆含毫運思，曲盡其態，而所以能曲盡者止一法耳。一者何也？曰：「傳神而已矣」。世徒知人之有神，而不知物之有神，此若虛深鄙衆工，謂雖曰畫而非畫者，蓋止能傳其形不能傳其神也。故法以氣韻生動爲第一，而若虛獨歸於軒冕巖穴，有以哉！（註八）

稽察我國丹青畫藝，自古以來均以人物與山水爲大宗，爲主要畫科。至若犬馬、臺榭、禽鳥，則爲備格兼論而已，並不登大雅之堂，至若蜂蝭蟬蟲之屬則略無與焉。此種情狀可由顧愷之之論畫以人物為上，次山、次水、次狗馬、臺榭，不及禽鳥（註九），以及張愛賓評畫以禽鳥為下，而蜂蝭蟬蟲又次之之態度可清楚看出。而以顧虎頭之學富藝精，亦難免有賢者不能泛愛徧知之失，以致論畫不及禽鳥；而以張愛賓之見聞廣博，精於賞鑑，仍拘於前人之成見，未能發明新觀，忽視蜂蝭蟬蟲所特具之靈妙資性，及其自形自色之曼妙生機，認為微末之物，不得躋位極品。

鄧椿精審於丹青理趣，遂能別抱胸懷，主張於畫藝理趣中不獨要勾攝人之神氣，同時，亦應體認萬物具有與人同具要素之神氣，並應無分軒輊，加以等量齊觀，把物象所具有之神氣投融於畫境中，以臻達傳神致韻之完美效果。

公壽之倡言物與人同具神氣，並蓄神明之內蘊，雖然其言詞頗為簡約，然涉意奧微深妙，極究天心，洞澈物性，而協和於萬物一體，天人合一之和諧理念，並欲捃移此一完美之理念潛布於畫藝中，而使畫境不論其表現之內容為飛潛動植，抑或為山岩邱壑，均能使之具韻而生動。

往古之所謂氣韻生動，率皆指人物畫而言，其後時移識異，見異而思遷，遂轉嬗而及於山水。至於自然界中多數之動植飛潛之物象則猶未有氣韻生動之論說，而究其根源之所在，乃因前人無視於「物各有神明」，換言之，亦即未能深刻體察宇宙間一切物象多具有機靈妙之性理所致。而公壽提出「物亦有神」之論說，則強而有力啓示畫家描畫對象之理趣，不應受傳統之成說所拘囿，而應體認物象不論形體之大小，姿色之美醜，形貌之俊拙及性質之靈頑，在藝術之創作上，均具有同等之價值與感發力量。因之，畫家之作畫內容與對象，則應探究各物象之特質，勾賾其神觀，使其作品於賦形之中，寄於豐沛之生命力，與感人之機趣，以及靈動之氣韻。

如是以觀，鄧椿之主張物與人同具神明之說，不僅提昇萬物於畫境中具有等量齊觀之藝術意義與價值；而且無形中鼓舞畫家擴大其作畫之範疇，使宇宙萬物皆可納入畫稿中。畫家固應創作靈智上等之人物、質有而趣靈之山水、遣情暢心之臺榭及供役使而親暱生活之犬馬，亦應寫繪愉衆目而協和氣之秀茂華葩，與乎知歲司晨，啼春噪晚之禽鳥，而且，亦應究心於微末之魚蝦草藻之繪製及蜂蜨蟬蟲之描畫，如此，則畫藝之內容方能達到無物不備，無美不臻之境地，故鄧椿「物亦有神」之創見，於畫藝境界之推展，實具有不可磨滅之價值存焉。

查閱宋人畫論，於董逌論畫條中，亦發現其對畫藝理趣之探討，有相類於鄧椿之主張不僅人之有神，物亦各有其神之論說。云：

顧愷之論畫以人物爲上，次山、次水、次狗馬、臺榭、不及禽鳥。故張舜（愛字之誤）賓評畫以禽鳥爲下，而蜂蜨蟬蟲又次之。大抵畫以得其形似爲難，而人物則又以神明爲勝，苟求其理，物各有神明也，但患未知求於此耳。………豈可與論古今畫耶？（註一〇）

觀乎董逌於其「書崔白蟬雀圖」之前文中，於評論顧愷之與張愛賓品畫之未能周詳之弊病，並認同古人之成說，「大抵畫以得其形似爲難，而人物則又以神明爲勝」之後，復能別開生面申言「苟求其理，物各有神明」。而董氏所聲述之「苟求其理，物各有神明」之理趣，則與公壽所倡論之「世徒知人之有神，而不知物之有神」，乃具相同之妙理，所不同者，僅語氣之差異而已。

鄧董論畫於物之有神具有雷同之處，或有先後相師之關係存在。鄧椿之身世，凡研究我國畫史論者多能詳悉，而其所撰述畫繼十卷，乃爲紹述郭若虛圖畫見聞誌之餘緒而作，若虛誌止熙寧七年，畫繼則始於若虛所誌之迄年，而止乾道三年。故其於雜說論遠中所倡論物有神之說，至遲不得晚於乾道三年。而董逌於文藝界之名氣遠遜於公壽甚多，至其身世則不甚了然，吾人僅能從余紹宋代之書畫書錄解題中得知：逌字彥遠，東平人，政和中官徽猷閣待制。中國人名大辭典記稱：靖康末官司業。至於其生卒年月則因年隔代湮而難以考稽，然則從鄧、董二代撰述與致仕之年歲可推知公壽應早於逌則略無疑義，由常理推斷，公壽有關畫藝之論述當能影響及於董逌。然二氏人生閱歷成熟之時期，以公壽畫繼所包攝之晚期與董逌致仕之時期而言，則有彼此相疊合之部分。如此以觀，則鄧董二氏對於畫藝理趣之探討或因二人資性相近，善於體察萬物之性理，而興發相似之觀點，而非一定前後相師亦未可知。此正如劉彥和因有感於古今理趣不必相師而有同感而共鳴者，「有同乎舊談者非雷同也，勢自不可異也」。此誠如俗諺所云「英雄所見略同」，而「英雄所見略同」之現象則所在多有。故鄧董畫藝理路有相通之處則不足深奇矣！

於此，吾人雖則珍重鄧董倡論如此有大助益於畫學之理路，但可不必強分誰先孰後之問題，吾人在此當作進一層之體認，鄧董二氏能於飽識飫認我國畫藝傳統理趣注重丹青神韻之餘，提出神韻非拘囿於畫藝大宗之人物與山水，而應擴展及於畫家所描寫之宇宙萬象，而使丹青畫境達於無物不備，無美不臻之整全完美境地，故鄧董二氏提倡物各有神之論點，吾人寧可捐棄先後師習之說，而感認其爲「花開並蒂」之盛事。

第四節　郭若虛論氣韻非師之釋義

郭若虛秉性超凡，自幼懷抱游藝之志，加以家學之霑溉及私家珍藏豐厚藝品之便利於賞鑑（註一一），及長，又好與當世名手研論畫藝，甄明體法，講練精微，遂銳志於畫史之撰述，以其宏博之見聞與學識，賡續愛賓之未逮，乃有圖畫見聞誌之巨著出焉。是書與愛賓之歷代名畫記之體例相類似，目的在於爲畫史而作，其意初不在於畫論，然因若虛之學思兼到，遂能於旁搜遠紹畫史之際，同時暢發畫藝精微之理趣，故凡其所闡述之畫論，咸含精雋深宏之意義。其論製作楷模，論衣冠異制、論用筆三病、論三家山水、論黃徐體異、論古今優劣及論氣韻非師均具精闢獨到之見解，而就中論氣韻非師之說法則純屬丹青理趣之要義所在，亦爲國人千古以來對畫藝思想所聚會之論點。其文謂：

謝赫云：「一曰氣韻生動，二曰骨法用筆，三曰應物像形，四曰隨類傅彩，五曰經營位置，六曰傳模移寫。」六法精論，萬古不移，然而骨法用筆以下五法可學，如其氣韻，必在生知，固不可以巧密得，復不可以歲月到，默契神會，不知然而然也。

嘗試論之，竊觀自古奇蹟，多是軒冕才賢，巖穴上士，依仁游藝，探賾鉤深，高雅之情一寄於畫。人品既已高矣，氣韻不得不高；氣韻既已高矣，生動不得不至；所謂神之又神而能精焉。凡畫必周氣韻，方號世珍；不爾，雖竭巧思，止同衆工之事，雖曰畫而非畫。故楊氏不能授其師，輪扁不能傳其子，繫乎得自天機，出於靈府也。（以下略）（註一二）

我國畫藝思想自謝赫提出六法之精論，置氣韻生動於首位之後，因其涵義精當，無可損益，亦無庸翻論，故乃成爲古往今來論畫品畫之第一要義。

氣韻生動本來源始於對人物畫內涵之品賞標準，其後因人之思維日精，文明日進，故有關氣韻之論說則變得此前更爲周延而完遂。考諸畫論，對氣韻闡釋最爲完美者當首推清朝李修易在其小蓬萊閣畫鑑中所論及者：

山水之有氣韻，張瓜田亦詳論之矣，而人往往以煙雲當之。不知煙雲猶可跡求也，氣韻不可跡求也。米家之淋漓吞吐，人知有氣韻矣，而倪氏之渴筆儉墨，何嘗無氣韻耶？

山水知有氣韻矣，而花草何嘗無氣韻耶？花草知亦有氣韻矣，而字與詩何嘗無氣韻耶？當求活潑潑地。瓜田謂有發於墨者，有發於筆者，有發於意者，有發於無意者，惟無意者之說爲最當，惲正叔云：「今人用心在有筆墨處，古人用心在無筆墨處。」可謂善言氣韻者矣（註一三）。

郭若虛所言述之氣韻之命意及範疇，雖不若遜清時代李修易所論述之周延完遂，然郭氏認爲氣韻之形成，「必在生知，固不可以巧密得，復不可以歲月到，默契神會，不知然而然也」之觀念與數百年後李氏認爲氣韻之「發於無意爲最當」，以及惲正叔所云「今人用心在有筆墨處，古人用心在無筆墨處」

同具妙理，而李、惲遠後於郭氏數百年之久，其持論之脈絡亦不脫郭氏見解之窠臼，於此足見郭氏對畫藝理趣之高妙超邁。

郭氏所持論氣韻之獲致「必在生知」，未免蹈涉神秘之宿命意味，故後世部分論者乃主張畫境中氣韻之表現，可以人爲之某種努力與修爲而獲致。如清朝名儒方薰卽認爲「昔人謂氣韻生動是天分，然思有利鈍，覺有後先，未可概論之也。委心古人，學之而無外慕，久必有悟，悟後與生知者殊途同歸。」（註一四）而明朝華亭董其昌在其畫旨卷上亦表示氣韻「亦有學得處」。而其學得之方法，則在於讀萬卷書與行萬里路，此不失爲獨具隻眼之精論，然其持論仍胎息於郭氏之成說。謂：「畫家六法，一曰氣韻生動，氣韻不可學，此生而知之，自然天授，然亦有學得處。讀萬卷書，行萬里路，胸中脫去塵濁，自然邱壑內營，成立鄄鄂，隨手寫出，皆爲山水傳神。」（註一五）

其實，如吾人能詳審細思郭氏對氣韻生動見解之底蘊，以及對畫藝理趣作深入之究詰與探討，當能了解郭氏所主張氣韻非師而能得，其所至必在生知之說，並無神秘之宿命意味存在，反而能從中體認畫藝理趣最根本之源頭。本來，藝術家之所以貴爲藝術家，乃是因其具有從凡俗自然事象中領悟出另一屬於自己情意性靈之境地，套以藝術術語而言，卽能「於第一自然中看出第二自然」，並據此領悟而開創出藝術之新觀。而要從凡俗之事象中領悟出另一超俗之境地，從第一自然中析離其瑣俗之面目而昇華爲清雅之另一佳妙境地，則要依仗非凡之精神力量。而精神力量之能證入於藝術境界中，則必有賴於心靈境界之開擴、涵養。而心靈境界之開擴與涵養由大處而言，則在於師古人、師造化進而師己心而來。而師古人、師造化則全由自己之心而來。而師古人、師造化則全由自己之心思與性向加以承受其必要之觀念，並加以揉創其意匠，故心匠深處乃直與靈府相通，非技巧之所可逼近，非巧密之形制所可表出，乃得自天機，出於靈府，故宜乎執氏之主張氣韻必在生而知之者。

雖則郭若虛主張氣韻「必在生知，固不可以巧密得，復不可以歲月到」，然並非即是表示其不可學，而純由自然天授，其所可學之條件乃是要藝術家「依仁游藝，探賾鉤深」以培養其高操之人品，「人品既已高矣！氣韻不得不高」。而依仁游藝所陶鑄出來之高超人品，乃是畫境所欲表出之氣韻之根源所在。而因爲此種根源之寄於靈府，非析慮之作所能得，非巧思之所能致，亦非單純技法之訓練所可獲得，乃是整全人格之證入，故於默契神會之中不期然而至，沛然而得。而欲證入此境者，則非心性靈妙，才資超俗，人品清高雋雅之士無以臻至，故自古畫藝奇蹟多出軒冕才賢及巖穴上士之手，良有以也。此亦無怪乎郭若虛之獨出機杼，苦心創立專門，而以軒冕才賢及巖穴上士之爲尙。

郭若虛之倡言氣韻非師，而尙上依仁游藝，人品高雅之軒冕才賢巖穴上士，實大有深意焉。在我國凡欲成爲偉大成功之藝術家則必以陶鑄高尙之人品爲首要條件。人格高尙，精神舒越，則表現於畫境中之韻致則自然超邁絕俗，而技巧之演練操揮則畫之餘事耳。故有志從藝者當執郭氏以依仁游藝之心志，毓養高尙之人品，以滋蘊氣韻之萌發，而無惑於「生而知之，自然天授」之表層說法。

第五節　黃休復推重逸格之釋義

我國文化源遠而流長，國人自古以來霑霈沐浴其中，故民性多儒雅而崇藝，因之，繪畫藝術亦特別發展，嗜喜瞻賞丹青畫藝者固無論矣，而援毫運墨，調丹弄青，寖習於畫藝者則自古以來多如過江之鯽，難以勝計，而其中所包含有貴有賤，不分男女或老少，此種現象則可比類於鄧公壽於其畫繼之標列爲聖藝，侯王貴戚、軒冕才賢巖穴上士、縉紳韋布、道人衲子與乎世胄婦女（宦者附），可謂猗歟盛哉！而於各種不同階層之畫藝者中，吾人固難強求畫境及畫格均能臻達完美之境，然因其雅興之所寄，率多專擅之美韻。

儘管我國嗜習畫藝之流品如此繁夥衆多，魚龍薈雜，然則自古以來精善畫藝者，多屬衣冠貴胄，逸士高人，而閭閻鄙賤之徒，則少有與焉（註一六）。而所以致此之故，具有諸多因素，要而言之，則因衣冠貴胄，逸士高人之資性才華每每超乎常流，又因其生活閒舒，故能挾其優異之資秉於閒舒悠游之環境中，資假筆墨丹青以寫天地萬物，一則欲彰顯其絕業，一則用以寄其閒情而陶泳其心性。而閭閻鄙賤之徒，對丹青藝業雖亦有好之者，然其先天之秉賦或有未佳者，後天之境遇又復不良，故其畫藝既難以躋達登峯之境，而其畫品乃較難登大雅之堂。

我國精善畫藝者既是多屬衣冠貴胄及逸士高人者流，而其所寫繪之作品則一如其胸臆之所蓄，以及人品之所養者，畫境中顯露出一片疎秀雅穆之書卷氣，與瀟逸超俗之妙境。而此種疎秀雅穆之書卷氣與瀟逸超俗之畫境，正如清朝松年所鄭重申言之「一片書卷名貴，或有仙風道骨，此謂之逸品」。因之，松年乃強調逸品之格趣謂：「若此種必須由博返約，由巧返拙，展卷一觀，令人耐看，毫無些許烟火暴列之氣。久對此畫，不覺寂靜無人，頓生敬肅，如此佳妙，方可謂之眞逸品。」（註一七）而由此亦可窺知逸品造境之難，而逸品之造就，求之才格，則必歸才資清雋，學養並佳之衣冠貴胄與高人逸士。

我國書畫品目，自南齊謝赫撰述古畫品錄以來，幾經因革損益，總類神妙逸能四格，初無嚴明之定義，亦乏固定品位之秩序，此四格之目，至唐朱景玄，另抱胸懷，別立法意，置逸品於三品之外，以示三品之不能肩伍。至宋朝黃休復出，乃開風氣之先，爲四品立界說，而持論「畫之逸格，最難其儔。拙規矩於方圓，鄙精研於彩繪，筆簡形具，得之自然，莫可楷模，出於意表，故目之曰逸格爾。」（註一八）而因其特別珍重推愛逸品，遂又躋逸品於三品之上，藉以明示其他三品之不能爲先。雖則宋徽宗於畫藝強調形似與格法之重要，而因愛重神品，曾壓抑逸品之地位，而屈次於神品之下，然此種現象則似僅止於道君皇帝之時，其後則又復踞四品之首，而遂成足論矣。

逸品之爲藝林多士所推重，乃如朱景玄之特立逸品之初意，在用以表賢愚而非重藝能技法（註一九）。國人自古以來論藝每與道同提並論，所謂「有藝有道」是也，而賢者輒慕道以從藝，藝之爲賢者所體創則每含逸趣、逸思、逸氣、逸韻等超凡脫俗之高雅氛圍，故國人之抬愛見重逸格，實乃敬重藝林賢達。至其畫藝之表現技法，則退居於較無關緊要之地位，故自朱景玄推愛逸品之後，「不守常法」乃成逸品最大之特徵。

其後國人畫藝之思想日益精進，雖然仍體認畫以逸品爲上，然應以佳妙之畫藝以完遂其高尚品目之內涵，明董其昌之畫旨卽有如此深刻之主張：

畫家以神品爲宗極。又有以逸品加於神品之上者，曰：出於自然而後神（按當作逸）也，此誠爲篤論。恐護短者竄入其中；士大夫當窮工極姸，師友造化。能爲摩詰，而後爲王洽之潑墨。能爲營丘，而後爲二米之雲山。乃足關畫師之口，而供賞音之耳目（註二〇）。

董玄宰所提上段之言論，一則在肯定黃休復置逸品於四品目之首位之主張；而另一用意則在申言，逸格應當以至高無上之畫藝以充實完遂其體格之內涵。不可因逸格「不守常法」而爲護短者所誤用，以致流於空疎腐化之形式主義，而爲學養不精之畫師作爲口實，誠屬佳論。

清方薰於其山靜居畫論中亦有一段有關逸品警闢之篤論：

逸品畫從能妙神三品脫屣而出，故意簡神清，空諸工力，不知六法者烏能造此？正如眞仙古佛，慈容道貌，多自千修百刧得來，方是眞實相（註二一）。

方薰主張藉高超之畫藝以完遂逸品之實質內容，要比玄宰之論說更爲鞭辟入裡，其就事論事之公允態度，比之玄宰之猶蓄黨吾私見，欲關畫師之口，則籌高一着矣。

清李修易對逸格之精義亦有類似董其昌與方薰之說法：

畫至逸品，難言之矣。當令惜墨如金，弄筆如丸，骨戛青玉，身入明境，乃爲庶幾。若論高遠閒曠之致，又如登黃鶴樓，親聽仙人吹笛，一時寄托，不在人間世。」（註二二）

逸格之目，亦從能品中脫胎，故筆簡意賅，令觀者興趣深遠，若別開一境界。近世之淡墨塗鴉者，輒以逸品自居，其自欺抑欺人乎！」（註二三）

由前引諸史料中，可知國人自黃休復定四品之界說，同時置逸品爲四品目之首位以還，咸能重視逸品，以逸品作爲追求畫藝最崇高完美之目標。惟逸品之要義乃在用表賢愚，畫藝之表現乃不受常法所拘，此種倡意固屬良好，然末流所趨，弊病於焉滋生，此由董玄宰之一面推崇逸品，一面勗勉畫家窮工極研，師友造化，以高雅精善之畫藝成就以爾畫師非議護短者作爲口實，則已初露逸格「不拘常法」所依傍而來之偏失機運，而因逸格所表示之格局如此玄高，其所包涉之格趣又如此放宕不群，但其所表現之面相乃是經由千修百刼而得來之靈妥自然之精純放逸，一般人不敢，亦不能尋繹其高遠之源緒，僅貪慕其跡近率易之技法，以致競相以淡墨塗鴉，冀得魚目混珠，以得逸品之表相而沾沾自喜，終至陷於自欺欺人，永刼不復之魔境。

其實，黃休復之高標逸格，確然有其非凡之深意存焉。如所皆知，我國畫藝自古以來，多爲才智俊傑之士用以涵養心性之作，而多數才智俊傑之士又因其品高節堅，而自別於流俗。畫藝既爲人類心智靈性表現之結晶，則心智靈性修養高者，其表現於藝能之內涵自亦不同凡響，而非凡氣格之畫藝，自亦爲人所珍愛，亦應另置一格以爲世人所矜法，而供之於四品之首，則含有恭仰範世之積極作用。我國畫藝向以神、妙、能爲品秩，依秩而爲昇階之品，各品皆因其蹟而得其績，秩序井然，格局互異，雖則各品各具特色，然質能之良窳有別，學養豐厚，精於賞鑑之士勿假蠡測之器，即能品味其殊，而洞明業績之精蘊。休復惟恐世人心憑互異，各說相乖，則有失清高畫藝之品衡，故苦立畫品之界說，以作觀摩之所資。

能品

畫有性周動植，學侔天功，乃至結嶽融川，潛鱗翔羽，形象生功者，故目之曰能格爾。

妙品

畫之於人，各有本性，筆精墨妙，不知所然。若投刄於解牛，類運斤於斫鼻。自（畫苑本作目）心付手，曲盡玄微，故目之曰妙格爾。

神品

大凡畫藝，應物象形，其天機迥（王氏畫苑本誤作迴）高，思與神合。創意立體，妙合化權，非謂開厨已走，拔壁而飛，故目之曰神格爾。

而由其神、妙、能三品之界說中，其所用語詞雖含意疏濶抽象，然吾人不難從中探觸各品級之要妙所在，因其賦性不同，而意趣殊異，則品格鷺卑遂有範疇。盱衡觀測神、妙、能三品之精妙界說多指涉有形畫藝之技法層次而言，由能品之性周動植，學侔天功，至妙品之筆精墨妙，造境達於曲盡玄微，進而至於神品之應物象形，能因其天機之迥高秀發，思與神合，因之，創意立體遂能達於參贊化權之華嚴境界，凡此均屬大匠名師所能獲及之美境。至若拙規矩於方圓，鄙精研於彩繪，依自然之形姿，而超乎自然之情思，出於意表，而絕塵於大匠名家所難以企及之幽旨閫奧之逸品，則非僅單純藝業之演練創作所可臻達，必有賴於清高超俗人品之修養，方能使其畫品達到筆簡形具所精蘊之清遠曠達之逸品。因之，逸品不僅爲畫藝之極峯，亦爲最高人品之表徵，宜乎黃休復之推置於四品之首。而由於休復之可喜遠見，創置逸品於四品之首，因而使國人之畫藝與人品之培養更形密契融合，基此，無形中提昇畫家之性靈，同時，擴展畫藝之內涵價值，使國畫邁向一高雅精妙之境界，故黃休復之創立逸品於首目之功亦云偉矣！

附註

一：見清聖祖敕撰「佩文齋書畫譜」（新興書局，民國五十八年九月新一版），第一冊，三一七—八頁。

二：見「中國畫論類編」（河洛圖書出版社，民國六十四年五月臺景印初版），頁三六，張彥遠「歷代名畫記」敍論文中。

三：同前註書，見頁二三二。

四：同註一書，頁三二三，見宋歐陽脩論鑒畫條。

五：同註一書，頁三二三—四，見蘇軾論畫條。

六：同註二書，頁二五，見白居易「畫記」文中。

七：同註一書，頁三二二，見後蜀歐陽炯論畫條。

八：同註二書，頁七五，見鄧椿「畫繼雜說」之「論遠」文中。

九：同註二書，頁三四七，見顧愷之「魏晉勝流畫贊」，其原文謂：「凡畫：人最難，次山水，次狗馬，臺榭一定器耳，難或而易好，不待遷想妙得也。此以巧歷不能差其品也。」

一〇：同註二書，頁一〇三四，見董逌「廣川畫跋」之「書崔白蟬雀圖」文中。

一一：同註二書，頁五二，見郭若虛「圖畫見聞志敍論」。

一二：同註二書，頁五九，見郭若虛「論氣韻非師」文。

一三：同註二書，頁二七二—三，見李修易「小蓬萊閣畫鑑」文中。

一四：同註二書，頁二二九，見方薰「山靜居畫論」文中。

一五：見于樸編「中國畫論彙編」（京華書局，民國六十一年十一月出版），頁七一，董其昌「畫旨」。

一六：同註二書，頁三三，見張彥遠「歷代名畫記」敍論中「論畫六法」之文末，謂：「自古善畫者，莫匪衣冠貴冑，逸士高人，振妙一時，傳芳千祀，非閭閻鄙賤之所能爲也。」

一七：同註二書，頁三三一，見松年撰「頤園論畫」文中。

一八：同註二書，頁四〇五，見黃休復「四格」文中。

一九：同註二書，頁二二，見朱景玄「唐朝名畫錄序」文中謂：「景玄竊好斯藝，尋其蹤跡，不見者不錄，見者必書。推之至心，不愧拙目。以張懷瓘「畫品斷」，神、妙、能三品，定其等格，上中下又分爲三；其格外有不拘常法，又有逸品，以表其優劣也。」

二〇：同註一五書，頁七五，見董其昌「畫旨」文中。

二一：同註一四，見頁二三八。

二二：同註一三。

二三：同前註書，見頁二六九。

第三章　宋代學術思想與繪畫藝術之相互關係

第一節　宋代繪畫進入文學化之因緣

撥諸畫史，斟審宋代繪畫藝術之發展趨勢，則豁然明瞭宋代繪畫進入文學化之因緣，茲就其繪畫思想參揉文學契機之演化情狀說明如下。

我國繪畫自古以來均與教化人倫具有密不可分之關係，故唐張彥遠之歷代名畫記敍論開宗明義即謂：「夫畫者，成教化，助人倫。」而教化人倫則多賴鑒戒之功能，故愛賓乃又摯切引用曹植之言論曰：「觀畫者，見三皇五帝，莫不仰戴；見三季異主，莫不悲惋；見篡臣賊嗣，莫不切齒；見高節妙士，莫不忘食；見忠臣死難，莫不抗節；見放臣逐子，莫不歎息；見婬夫妒婦，莫不側目；見令妃順后，莫不嘉貴。——是知存乎鑒戒者圖畫也。」愛賓之體認圖畫因具有鑒戒之性能，故能用以成教化助人倫，雖是綜論我國繪畫之功用，其實也是表明我國往古以來繪畫思想之主流。而此一存戒鑑，成教化，助人倫之繪畫思想主流一直強有力支配畫藝思想之動向。此種思想至宋朝仍有相當之影響力，如郭若虛在其圖畫見聞誌之「敍自古規鑒」既有與張愛賓相類似之論調。謂：「蓋古人必能以聖賢形像，往昔事實，含毫命素，製爲圖畫者，要在指鑒賢愚，發明治亂。」（註一）而宋張敦禮在其「論畫功用」之文中，則更附議愛賓之論。謂：「畫之爲藝雖小，至於使人鑒善勸惡，聳人觀聽，爲補益豈其儕於衆工哉？」（註二）至於凡事好立異議，恥於剽襲他人成說之米芾，亦努力維護「成教化助人倫」之「正統」繪畫思想，而申覆「古人圖畫無非勸戒」之始旨，以至認爲鑒閱佛像故實，能收勸戒作用，故應視爲畫藝主體，而對於士女翎毛之作，因少勸戒之功用，而認爲「貴遊戲閱，不入清玩」。（註三）

雖然存戒鑒，成教化、助人倫之觀念仍存在於宋朝部分畫史、畫論家及從事畫藝之實際工作者，然吾人如從多方面去探究宋人之思想，則能發現宋人——尤其是文藝兼善之文士，其畫藝思想因受當代崇尚理學思潮之深重影響，於是凡鑑賞藝品，論畫及作畫無不極力探究理趣，企圖從理趣當中求神韻之完遂。而鑑賞藝品、論畫及作畫既專重理趣之探求，其思維乃自然轉趨於注重畫藝純粹美感效果之獲致，因之，有關圖畫羈絆因素之戒鑒功能、教化作用則自然被棄置不論，繪畫藝術因務意於理想神韻之追求，及探討筆情墨趣之妙巧表現，則先前有關圖畫之種種傳統法式乃趨向自由解放之途，繪畫藝術至此境地乃成爲文人託懷寄興之高尚才藝。繪畫因文士卓越之才思與洋溢之情致而豐富其境界，增益其內涵，資毓其美感，則繪畫與文學之因緣乃牢繫而不可解矣。

審閱宋代畫史，可發現多位識見高明，思想先進之畫論家，其闡論之畫藝思想，對繪畫文學化之推進，具有「潛移默化」之功。

宋張懷論畫云：

人爲萬物之最靈者也，故合於畫。造乎理者，能畫物之妙，昧乎理者，則失物之眞。何哉？蓋天性之機也。性者，天所賦之體；機者，人神之用。機之發，萬變生焉。惟畫造其理者，能因性之自然，究物之微妙。心會神融，默契動靜，察於一毫，投乎萬象；則形質動蕩，氣韻飄然矣。故昧於理者，必爲緒使，性爲物遷，汨於塵坌，擾於利役，徒爲筆墨之所使耳，安足以語天地之眞哉（註四）。

張氏論畫之要義，乃是欲以人最高之賦性，善體事象自然之性理，以之入畫，而畫境能造乎自然順當之理趣，則能獲致飄然之氣韻，畫能得乎氣韻生動，則畫藝之大旨已得。畫士要冀得其畫藝達到氣韻生動最高之造詣，在平素應培養其寬舒高雅之心境，於依仁游藝之餘，並能專重理趣之探研，因「惟其講理，故尙眞；惟其尙眞，故重活而氣韻生動」。因之，足見氣韻生動境界之求得與畫士本身之人品與翰墨修養有極密切之因應關係。此誠如宋劉學箕所云：「古之所謂畫士，皆一時名勝，涵泳經史，見識高明，襟度灑落，望之飄然，知其有蓬萊道山之丰俊，故其發爲豪墨，意象蕭爽，使人寶玩不寘。」（註五）而郭若虛對此所持之精論益見深雋透徹：「竊觀自古奇蹟，多是軒冕才賢，巖穴上士，依仁遊藝，探賾鉤深，高雅之情，一寄於畫。人品既以高矣，氣韻不得不高；氣韻既已高矣，生動不得不至。所謂神之又神而能精也。凡畫必周氣韻，方是世珍。不爾，雖巧思，止同衆工之事，雖曰畫而非畫」（註六）。

由張、劉、郭三家之言論觀之，可知畫藝氣韻之獲得與人品、學養有深切之根源關係，而人品與學養高者，其思想與行為往往趨向高蹈超俗，繪畫既為文人託懷寄興之高尚才藝，則人品與學養臻高者，遂藉此肆意於發揮其清新超俗之才思，於是，畫藝乃深含文學氣息。

一般才思清絕，學養高超之文藝兼善之士，為使其畫藝有超俗清越之表現，自然不肯因襲古法陳意，而必以胸中蘊藉之才思作疎宕清幽之寫作，方能自拔於庸工俗史之範疇。而欲作疏宕清幽之構繪，則必究心於趣遠難形之景象。歐陽修對此觀點曾作鄭重之指陳。

蕭條澹泊，此難畫之意，畫者得之，覽者未必識也。故飛走遲速，意近之物易見，而閒和嚴靜，趣遠之心難形。若乃高下向背，遠近重複，此畫工之藝耳，非精鑒之事也（註七）。

歐陽文忠所提示之蕭條澹泊，閒和嚴靜，趣遠難形之觀點實乃開啓我國繪畫藝術走向文學化之途徑。因畫士著意於蕭條澹泊畫境之經營，於畫格則能不落前人之窠臼，於畫技則能推陳創新，於畫意則能不因襲，不蹈舊，而獲致「離披見高情，荒率駭俗目」之奇麗效果。而此則與先前之任何具有羈絆功能之藝術形態大異其趣，繪畫之能步入文學化乃於此種重視蕭條澹泊，追求閒和嚴靜之趣遠意境有其必然之源繫。

由於歐陽修之論重追求難畫之意與難形之趣，於是，引起北宋中期以還諸多見識深宏之畫論家之推崇證言。如沈括之申論「書畫之妙，當以神會，難以形器求也。世之觀世畫者，多能指摘其間形象位置，彩色瑕疵而已；至於奧理冥造者，罕見其人。」（註八）為強調造理入神，迥得天意之機趣，乃又申言畫意不畫形之要旨，而援引歐文忠盤車圖詩「古畫畫意不畫形，梅詩詠物無隱情。忘形得意知者寡，不若見詩如見畫。」（註九）沈括之與論畫意不畫形，及書畫之妙，當以神會，乃至強調「造理」之觀念，不啻對傳統畫藝之種種法式及羈絆效用作徹底之推翻。

綜前所述，趙宋畫論家多受理學之影響，其立論多暢言與理有關之「窮理」、「超理」、「常理」與「造理」，其目的無乃要以諸種理趣之體現，藉以獲致畫境中氣韻生動之效果。至於景趣之形象以能發人深思之超俗形跡爲上，而鄙棄無翰墨修養之庸手所刻畫之僅拘泥於形似之塵格，同時，揚棄先前具有任何羈絆功能之觀念，使繪畫藝術獨立於純粹美感之要求，並且與文學之趣韻相連綴而共同譜成嚴和豐美之藝術大觀。

第二節　宋畫院以詩題簡試對畫學進展之意義

趙宋立國之初，即崇尚文治，因之，幾凡文藝之事，無不極力提倡。太宗初期，即規撫五代時南唐與西蜀畫院之制，設立翰林圖畫院，其規模之大與人才之盛，均遠超過南唐與西蜀之畫院，而宋朝之畫院又與趙宋皇朝之命運相始終，歷時達三百餘年之久，爲我國文敎史上特有之政制，值得大書特書之盛事。而宋代畫院制度中最突出之舉措，與影響後代繪畫藝術最深鉅者，乃是畫院以科舉方式簡拔人才，而以意境優美之詩句作爲考題，以考應試者之藝能，而此種舉措不僅爲趙宋之創舉，抑且絕響於後世，故令人與懷彌足雅重之感。尤其因宋朝之以詩歌作爲畫院考試之試題，直接間接均能使當時文藝之士研求以詩入畫，藉畫表詩之才能，而無形中大有助益於引領我國繪畫藝術步向文學化之璀璨前程，更爲後人感念不置。

考諸史籍，宋朝畫院之以詩句作爲試題以簡拔人才之舉措，並非於翰林圖畫院設立之初即實行，而是在徽宗時方實行此一令人感奮之政制，並且，在其前亦曾有一段醞釀之因緣。

我國詩畫最初之結聯關係，始於唐朝杜子美之以詩題畫，而由於杜子美之諸多題畫詩中不僅能令人品嘗出詩境之美韻，更能令人深刻體會出畫境中幽美之效果，從而使備象之圖畫與賦頌之美詞交相結合，互映佳趣，先則以詩意抒發畫意，繼而則以詩境開拓畫境，而畫境之中自亦能充溢盎然之詩情。由於杜子美之率先宏發以詩題畫之精思，其後詩人文豪多能踵武此種雅風，而以詩文聯表畫藝。

趙宋之世，由於政府之崇尚文治，故文風沛然大興，李唐以來以詩文聯表畫藝之風氣乃益形臻盛。至蘇東坡一出，以其聰敏穎異之才資，倡言「詩畫本一律，天工與清新」（註一〇）之妙論，遂使其後宋朝之一般風雅文士而兼善畫藝之社會畫家，群起於畫境之中，講求詩意之營創，甚且僅依憑詩句之寓意所在而揮毫造境，使繪畫溉沾文學之清新氣息。

因爲詩歌與繪畫在創作之基本精神上原有其彼此通融取象之處，又經過唐宋以來畫論家與詩人兼擅畫藝之文士，極力闡論詩畫精微之密切關係，並且能以創作之際身體力行，故以詩入畫之風氣遂瀰漫於北宋中期以後之文藝界。而此種現象乃爲徽宗朝畫院以詩題考試畫士之客觀背景與推動之主要因素。

徽宗本人不論在藩之時，或登基之後，所嗜喜者獨爲筆硯丹青，並能與當時精擅詩文而兼善畫藝之名家時相過往，互相探研詩書之學與畫藝之技法理趣，其中與徽宗過從最密者，當推王詵與宗室趙大年等人。王詵字晋卿，幼年好讀書，善作文，諸子百家無不貫通。及長，工於詩詞，對繪畫之作，尤爲精妙。因其兼善詩畫，故其畫境特蘊詩人之韻致。而王詵與蘇軾本來契交，徽宗皇帝雖不得親與蘇軾以詩文畫藝相爲酬應，然王詵必能把平日與坡翁之間資論詩畫之見解間接推介於徽宗。宗室趙大年爲徽宗少年時之暱友，大年既善於丹青，又多誦唐人詩句，每能以詩境之思致翻入於畫景之中，此亦應能進效於雅好書詩畫之徽宗皇帝，以詩題考試畫士之有力啓示。徽宗皇帝一身兼善書、詩、畫三絕之藝能，詩固能藉書體同時表現出兩者之美韻，而畫應能藉詩以豐富其意態，故以詩句課命畫題應爲其主觀之嗜好配合客觀背景之綜合體現。

徽宗朝所摭採而爲畫院考試之試題，多能兼顧「景」、「趣」兩者之週全。其詩題或僅爲單句，或爲上下兩句相連，但詩句中却能因景而藏意，故藉詩以「造景」「立意」即變爲靈動而可能。應試者可因本身對詩文與畫意之修爲與體認程度而作各種應有之表現。今依文獻及各種雜記所備載者列舉當時畫院考試之畫題及中魁者之畫境於下：

㈠野水無人渡，孤舟盡日橫。自第二人以下，多繫空舟岸側，或拳鷺於舷間，或棲鴉於蓬背，獨魁則不然；畫一舟人，臥於舟尾，橫一孤笛。其意以爲非無舟人，止無行人耳，且以見舟子之甚閒也（註一一）。

㈡亂山藏古寺。　魁則畫荒山滿幅，上出幡竿，以見藏意。餘人乃露塔尖或鴟吻，往往有見殿堂者，則無復藏意（註一二）。

㈢竹鎖橋邊賣酒家。　衆皆向酒家上著工夫，惟魁但於橋頭竹外挂一酒帘，上喜其得鎖字意（註一三）。

㈣踏花歸去馬蹄香。　中魁者畫一群蜂蝶，追逐馳馬之馬蹄，以描寫香字（註一四）。

㈤嫩綠枝頭一點紅，惱人春色不在多。　其時畫手有畫花樹茂密以描寫盛春光景者，然不入選。惟一人畫危亭，美人依欄干而立，口脂點紅，傍有綠柳相映，遂入選（註一五）。

㈥蝴蝶夢中家萬里，杜鵑枝上月三更。　應試者多難描繪其意趣。此題蓋欲形容蘇武遠使匈奴，夢想歸漢之一段情景。入首選者畫蘇武牧羊於北海，被氈枕節而臥，雙蝶飛颺其上，又畫林木扶疏，上有子規，月正當中，木影在地（註一六）。

由上列畫院考試之畫題及歷屆中魁者所繪之畫境觀之，應試者之能冀得當局取錄，非僅取決於畫技之精鍊，在另一方面尤應能善體詩中幽邃之意境，然後方能把握主題，進而對主題作精妙之表現。所以應試而錄取者皆為具有超絕領悟力、表現力與想像力之畫士。因此種以詩入畫之考試方式既要注重主題思想之刻畫，又要著意於情景意境之描繪，故此種融畫於詩，由詩顯畫之超拔能耐就遠非一般墨守成法與庸俗不學之畫工所能為功，難怪當時應試者雖踵接肩摩於汴道，然「多有不合而去者」。而由於宋代畫院採用此種別開生面之以詩入畫之考試方式，遂使有志於畫道者能留心「於筆墨之外，又重思想，以形象之藝術表詩中之神趣爲妙，詩中求畫，畫中求詩，足見當時繪畫之被文學化也。」（註一七）因此，宋代翰林圖畫院之以詩題考求畫士之風，乃是促使我國繪畫由禮教化，進而爲文學化之主要因素。

附註

一：「畫史叢書」（文史哲出版社，民國六十三年三月初版），第一冊，郭若虛撰「圖畫見聞誌」，卷一，頁三，見「敍自古規鑒」文中。

二：「中國畫論類編」（河洛圖書出版社，民國六十四年五月臺景印初版），見頁六八。

三：黃賓虹、鄧實合編「美術叢書」（藝文印書館，第四版影印本），二集第九輯，米芾撰「畫史」，見頁二四，記謂：「古人圖畫無非勸戒。今人撰明皇幸興慶圖，無非奢麗，吳王避暑圖，重樓平閣，動人侈心。」又見頁五二，記謂：「鑒閱佛像故事圖，有以勸戒爲上，其次山水，有無窮之趣，尤其是烟雲霧景爲佳，其次竹木水石，其次花草。至於士女翎毛貴游戲閱，不入清玩。」

四：清聖祖敕撰「佩文齋書畫譜」（新興書局，民國五十八年九月新一版），第一冊，頁三二九，見宋「張懷論畫」文。

五：同註二書，頁七三，見宋劉學箕撰「方是閒居士小稿論畫」文中。

六：同註一書卷，頁九，見「論氣韻非師」文中。

七：同註四書，頁三二三，見「歐陽脩論鑒畫」文中。

八：同前註書，頁三二五，見「沈括論畫」文中。

九：同前註。

一〇：同註一叢書，鄧椿「畫繼」，卷四，頁二四，見蘇東坡「書鄢陵王主簿所畫折枝二首」之一。「論畫以形似，見與兒童鄰。賦詩必此詩，定非知詩人。詩畫本一律，天工與清新。（下略）」

一一：見鄧椿「畫繼」卷一，頁三。

又「野水無人渡，孤舟盡日橫」之句乃由韋應物「滁州西澗」：「獨憐幽草澗邊生，上有黃鸝深樹鳴；春潮帶雨晚來急，野渡無人舟自橫。」所採擷變化而來。宋代畫院考試之試題，多以陳詩中之名句為之，由此一例可見一斑。

一二：同前註書卷。

一三：同註一叢書，第三冊，見厲鶚「南宋院畫錄」卷二，頁七。

又見清聖祖敕撰「佩文齋書畫譜」，第一冊，第三三〇—一頁「宋子俞子記試畫工形容詩題」條之中。

一四：同前註第二條中。

一五：俞劍方「中國繪畫史」（台灣商務印書館，民國五十七年三月台三版），上冊，見一六七頁。

一六：同註一三第二書第二冊，頁一一〇七，見王道亨條中。

一七：鄭昶「中國畫學全史」（台灣中華書局，民國五十五年十月台二版），見二三九頁。

第四章　宋代繪畫成就之新觀

一般畫史家論及宋代繪畫藝術成就時，每以郭若虛圖畫見聞誌中「論古今優劣」之言詞作爲不移之定論，其言曰：

或問近代至藝與古人何如？答曰：近方古多不及，而過亦有之。若論佛道人物、士女牛馬，則近不及古。若論山水林石、花竹禽魚，則古不及近。何以明之？且顧陸張吳，中及二閻，皆純重雅正，性出天然。吳生之作，爲萬世法，號曰畫聖，不亦宜哉！張周韓戴，氣韻骨法，皆出意表。後之學者，終莫能到，故曰近不及古。至如李與關范之迹，徐暨二黃之蹤，前不藉師資，後無復繼踵，借使二李三王之輩復起，邊鸞陳庶之倫再生，亦將何以措手於其間哉？故曰古不及近。是以推今考古，事絕理窮，觀者必辨金鍮，無焚玉石！（註一）

郭若虛以獻身畫藝史實之論述與裒輯爲職志，並以見聞立名，其論見深宏賅博，足爲後學者徵信採錄。其「論古今優劣」確然卓識不群，就以山水林石、花竹禽魚之畫藝成就而言，誠有後來居上，超越前人之可敬新猷，趙宋藝壇亦因有此等畫科之輝煌成就而飲譽千古。

然則，吾人如對上錄郭氏之言論作深入之研探，當能發現爲郭氏所認定近不及古之佛道人物，士女牛馬等事項乃有待商榷，換言之，宋代之佛道人物與士女牛馬之繪畫成就並非一定均不如唐以前之勝蹟，其中，間亦有越逾唐以前勝蹟所未到者。本文之所以敢於提出異見，並非故意唐突前賢，而是欲以「推今考古」之心得，以「分辨金鍮」，而庶幾乎無焚玉石！

後代論述宋人繪畫成就固宜參考郭氏之宏論，然不能咸依郭氏之見解爲論斷，所持之理由有如下三點：

㈠以郭氏一己之所見，無法盡識天下之名蹟至藝。

郭若虛雖以裒裒輯畫藝史實爲職志，平素廣事蒐羅藝事，飫鑑名蹟，然一己之精力與識見究屬有限，故難免有滄海遺珠之憾，鄧公壽之畫繼卽曾列擧郭氏未能備載當代名筆之事實，其「論遠」篇中謂：

郭若虛所載，往往遺略，如江南之王凝花鳥，潤州僧修範湖石，道士劉貞白松石梅雀，蜀之童祥，許中正人物仙佛，邱仁慶花，王延嗣鬼神，皆名筆也。俱是熙寧以前人物。（註二）

郭氏因爲一己精力之所限，不能徧觀海內之丹青至藝，其部分論說因僅依憑耳聞，以致評事亦難免有違事蹟，如其評論孫位與景朴之藝能，卽產生優劣倒置之不實後果。畫繼對此亦有詳細之記述。云：

予作此錄，獨推高雅二門，餘則不苦立褒貶。蓋見者方可下語，聞者豈可輕議。嘗考郭若虛論成都應天孫位、景朴天王曰：「二藝爭鋒，一時壯觀，傾城士庶，看之闐噎。」予嘗按圖熟觀其下，則知朴務變怪以傚位，正如杜默之詩學盧仝馬異也。若虛未嘗入蜀，徒因所聞，妄意比方，豈爲

歐陽炯之誤耶。然有可恕者，尙注辛顯之論，謂朴子不及位遠甚，蓋亦以傳爲疑也。此予所以少立褒貶。（註三）

㈡僅依憑郭氏之斷代記事，無法綜觀趙宋所有畫藝成果。

郭若虛因張彥遠之歷代名畫記絕筆於永昌元年，遂奮志續爲裒輯，誌從五代，而止於熙寧七年。五代至宋神宗熙寧年間雖爲我國繪畫藝術發展極爲蓬勃，名家輩出之時期，然亦僅有部分畫藝呈現佳蹟，或僅初萌創意，必有待日後之醞釀成熟，而蔚爲勝況大觀，故僅以熙寧七年之前所獲鑑之品評，難以對各種畫科之最高發展成就作適切之論斷。

㈢對藝術成就之論斷每有見仁見智之不同看法。

古今畫藝以合六法者爲最高品，然要求六法賅備，自古罕能，因之畫藝能得一體之善，已足珍貴。而畫境之韻致就其善者而言，則有恬靜、冷雋、精細、蒼秀、質朴、神奇、滂沛與簡淡等體格，而因人之嗜愛有所不同，其暢論著重之點亦迥然異趣。至於畫以人物爲神，花竹禽魚爲妙，宮室器用爲巧，山水爲勝，畫家旣各擅其能，而賞鑑者每乏泛愛之素養，故所出之論見則難免失之偏。是以前賢所闡述有關畫藝之論說，僅能作爲後學之參考而已。

基上三點，吾人乃以「推今考古」之心得，就郭若虛所論及之佛道人物、士女牛馬等繪事項目之優劣得失，就其遞嬗演化之蹟，作概要之評介。爲述說方便計，亦按郭氏所列論之先後秩序，分門而述之。

佛道人物

郭若虛認爲宋以前佛道人物之所以有輝煌之成就，乃因前代名師巨匠所體創之畫藝格趣「皆純重雅正，性出自然」。晉顧愷之，宋陸探微、梁張僧繇、唐閻立德、立本昆仲暨吳道子等名家皆賦性高雅，藝業修爲精湛，然於繪畫之表現乃不假造作，純出於自然，故能得純重雅正之體格。

至於以上諸家畫藝成就之品評，唐張彥遠之歷代名畫記均有記述。有關顧、陸、張三家則同於陸探微條下引述前賢之論點而作綜合之衡論。謂：

謝赫評云：畫有六法，自古作者，鮮能備之，唯陸探微及衞協備之矣。窮理盡性，事絕言象，包前孕後，古今獨立，非激揚可至，銓量之極乎，上品之上，無地寄言，故居標第一。李嗣眞云：「無地寄言，故居標第一。」此言過當，但顧長康之迹，可使陸君失步，荀勖絕倒，然則稱萬代蓍龜衡鏡者，顧、陸同居上品第一。張懷瓘云：顧、陸及張僧繇，評者各重其一，皆爲當矣，陸公參靈酌妙，動與神會，筆迹勁利，如錐刀焉，秀骨清像，似覺生動，令人懍懍若對神明，雖妙極象中，而思不融乎墨外。夫象人風骨，張亞於顧、陸也。張得其肉，陸得其骨，顧得其神。神妙無方，以顧爲最。比之書，則顧、陸、鐘、張也；僧繇，逸少也。俱爲古今獨絕，豈可以品第拘。彥遠以此論爲當（註四）。

有關唐代閻立德、立本昆仲之畫藝業績，張愛賓於立本條下引記諸家言論，僧悰云：

閻張鄭，奇態不窮，像生變故，天下取則。裴云：閻師張，青出於藍。人物衣冠，車馬臺閣，並得見妙。歷觀古今法則，巧思唯二閻、楊、陸，逈出常表。張家父子，稍居其次。李嗣眞云：博陵、大安、難兄難弟，自江左陸、謝云亡，北朝子華長逝，象人之妙，號爲中興。至若萬國來庭，奉塗山之玉帛；百蠻朝貢，接應門之位序；折旋矩度，端簪奉笏之儀；魁詭譎怪，鼻飲頭飛之俗；盡該毫末，備得人情，二閻同在上品（註五）。

歷代之著錄有關吳道子畫藝之稱述，指不勝屈，僅舉圖畫見聞誌之「論吳生設色」條以窺其一斑。

> 吳道子畫，古今一人而已。愛賓稱前不見顧陸，後無來者，不其然哉！嘗觀所畫牆壁卷軸，落筆雄勁，得傅彩簡淡，或有牆壁間設色重處，多是後人裝飾。至今畫家有輕拂丹青者，謂之吳裝（註六）。

顧愷之、陸探微、張僧繇、二閻昆仲與吳道玄素來被譽爲我國古代道釋人物畫之代表宗師，其藝能之崇高品位既爲諸家著錄所稱譽論定，其懿範亦久爲天下所矜式，應無庸翻疑。惟顧、陸、張、二閻兄弟與吳道玄諸宗師，所作畫之道釋人物題材，多限於宗敎性質及附政敎以行而含有鑒戒敎化意義者，此種現象誠如明宋濂於「畫原」所云者：

> 古之善繪者，或圖詩，或圖孝經，或貌爾雅，或像論語暨春秋，或著易象，皆附經而行，猶未失其初意也。下逮漢魏晉梁之間，講學之有圖，問禮之有圖，烈女仁智之有圖，致使圖史並傳，助名敎而翼群倫，亦有可觀者焉（註七）。

宋濂之倡言古畫皆附經而行，以助名教而翼群倫之期限，僅下逮於漢魏晉梁之間，其實乃是宋氏較保守之說法，此種存鑒戒助人倫之風氣至隋唐依然盛行，甚至北宋部分著名之人物畫象莫不沿習傳統風範興圖作畫。因之，隋唐以前之人物畫家凡有所作，必聯表故實，或用旌聖賢事蹟，或榮褒忠烈貞節，或仰崇禮敬道釋仙佛，故所繪製之人像內容多拘於聖賢、貞烈之懿範行誼，與仙尊星君、鬼神之禍福事象。人物畫既旨在鑒戒，用以輿助教化人倫，則圖象之作必講究精整完美，至於衣冠儀俗亦必考訂得宜。明代謝肇淛對此有體切之言。云：

自唐以前名畫，未有無故事者，蓋有故事，便須立意結構，事事考訂，人物衣冠制度，宮室規模大略，城郭山水，形勢向背，皆不得草草下筆；非若今人任意師心，鹵莽滅裂，動輒托之寫意而止也。」（註八）

唐張彥遠在其歷代名畫記中亦有一則考訂人物衣冠儀俗之記述：

若論衣服、車輿、土風、人物、年代各異，南北有殊；觀畫之宅，在乎評審。只如吳道子畫仲由，便帶木劍；閻令公畫昭君，已著幃帽；殊不知木劍創於晉代，幃帽興於國朝；舉此凡例，亦畫之一病也。」（註九）

考訂衣冠儀俗乃在使人覩圖而產生親切合情之感，而如一切考訂嚴究切時，然繪製無法，筆墨逆亂粗陋，亦難表畫境內容之精義與神韻，故古代人物畫均特別講究表現畫藝之形式與探擷神韻。南齊謝赫所標倡之六法，實則多針對人物畫而發。六法中第一要義之氣韻生動，神妙難方，或言在於生知，非學而能，故略置不論。而「骨法用筆」與「隨類賦彩」同爲表現完美具象之重要手段。我國古代繪畫多以線條鈎勒形象之輪廓，然後再以色彩塡敷其中，以收結構與裝飾兼濟之效。而要使造象向背合宜，態勢生動，則尤有賴於線條鈎勒之靈活順當之表現，故線條乃成爲表現國畫之主要形式。歷來畫家無不殫精竭慮於創發最宜於表現之線條體勢，至顧、陸、張、吳四家一出，各運奇巧，亦各得一體之擅。張愛賓於「論顧陸張吳用筆」一節中論述甚詳。謂：

顧愷之之迹，緊勁聯綿，循環超忽，調格逸易，風趨電疾，意存筆先，畫盡意在，所以全神氣也。陸探微精利潤媚，新奇妙絕，名高宋代，時無等倫。張僧繇點曳斫拂，依衞夫人「筆陣圖」，一點一畫別是一巧，鈎戟利劍，森森然。吳道玄古今獨步，前不見顧陸，後無來者，授筆法於張旭。衆皆密於盼際，謹於象似，而吳生則離披其點畫，脫落其凡俗。

於文末則又歸納其論點云：

顧陸之神，不可見其盼際，所謂筆迹周密也。張吳之妙，筆纔一二，像已應焉，離披點畫，時見缺落，此雖筆下不周而意周也。若知畫有疎密二體，方可議乎畫。或者頷之而去（註一〇）。

愛賓謂顧陸所用以表現形象之緊勁聯綿，不見其盼際之周密筆跡，如以我國畫學術語而言，即所謂「春蠶吐絲」或「鐵線描」。而張吳之點曳斫拂，離披其點畫，即所謂「蓴菜條」（註一一）。爲顧愷之與吳道玄所特別嗜用之「鐵線描」與「蓴菜條」因代表疎密二體之畫藝，遂爲後人所師法不已。而其中尤以「吳道玄之迹，六法俱全，萬象必盡，神人假手，窮極造化也。所以氣韻雄壯，幾不容於縑素；筆迹磊落，遂恣意於牆壁；其細畫又甚稠密。」（註一二）因其畫藝如此神乎其技，故被世人譽為「畫聖」。郭若虛為北宋神宗時代之人，其圖畫見聞誌自序於熙寧七年（一〇七五），而由郭氏所記述「吳生之作，為萬世法」之言詞中，乃可意味出吳道子之畫風與畫技不僅為其同時代之畫家所師法，連晚唐、五代以及北宋期間之畫家仍然師其遺法。

綜前所述，北宋中期以前之道釋人物畫不論作畫之內容題材與表現技法無不深受顧、陸、張、吳等名家之深重影響，而其中尤以受吳生之影響為尤多。但至神宗起用王安石為相，毅然積極施行新法之後，社會風氣乃大為改變，因之影響於畫藝思潮之革新，在各畫科之中道釋人物畫亦深受其影響。而在道釋人物畫中所產生之變化則可分為作畫內容與表現技法兩端，為述說方便計，茲分項說明之。

一、作畫內容

神宗熙寧之後，因藝術思潮之改變，故道釋人物畫之內容顯然與先前傳統題材有所不同，以前附政教以行教化，與具善惡因果報應而富鑒戒作用之宗教題材，逐漸為與實際生活有關之題材所取代。而其間尤與先前傳統題材不同者，乃是以前傳統道釋人物畫多僅以人像本身為主體，少有附加之背景，卽使有之，亦極其簡略，如顧愷之之「女史箴圖卷」卽為一明顯之事例。該圖卷儘管人物造形典雅，線條表現緊勁綿密，誠如春蠶吐絲，流轉婉約，絲絲叩人心絃，然則，其所用之背景僅以極簡淡之景致作象徵性之點綴而已。而此種以簡略之景致作人物畫綴景之遺法歷經隋、唐、五代以及北宋中期以前可說少有進境。其後，宋畫因深受理學之影響，乃置人物於自然豐美之景象中，以完遂其天人合一之和諧理念，因之，特別講究補景。而補景之作，多景象完美，跡擬造化而實蘊詩人之思致，或憑片石清幽，宜帶牽蘿古樹；或撫孤松挺拔，自多出岫層雲。或立而觀泉，溪澗瀠洄，隱有源頭可溯；或坐而望月，林皋瀟灑，猶疑醉後方登。或席地而啣杯，待立有執壺之僕；或登山而採藥，追隨有負笈之童。或倚亭而啜茗看花，或泛艇而囊書載月。或釣魚於苔磯之上，或聽鳥於柳岸之間。或彈琴於竹林几上，有香煙縹緲；或敲碁於石磴榻門，有茶沸氤氳。或停車坐愛楓林，或勒馬細看山色等等景觀（註一三），凡此清幽高雅之景象，多爲宋人所嗜喜採用之補景。而宋人之善於表現含有詩意之豐美補景，乃把我國人物畫引領至天人合一之崇高境界，因而開創出一令人感動之可愛格局，而此種天人合一之人物表現境界，則爲顧、陸、張、吳等前代名家所難於企及之處。

至於題材之表現而言，如前所述，先前所慣用之有關政教性質之事項，多爲實際生活有關之題材所逐漸取代。此種與實際生活有關之題材則以多種不同之形態出現，犖其大端而言之，可分爲民間生活情景之描繪，與愛國題材之表現。爲述說方便計，逐項分述於後。

甲、民間生活情景之描繪

此一事象之繪畫題材爲先前所少有，可謂人物畫新興之內容，在此項目之中，畫家把從實際生活中所體驗、感觸之事象盡情加以描繪。其中或描寫商廛市場熱鬧之景象，或寫繪田家生活情狀，或刻畫各生活習俗者爲多。如聖朝名畫評對有關高元亨之記事謂：「眞宗朝圖畫院祗候高元亨嘗畫『從駕兩軍角抵戲場圖』，寫其觀者四合如堵，坐立、翹企、攀扶、俯仰，及富貴、貧賤、老幼、長少，緇黃、技術、外夷之人，莫不備具。至有爭怒解挽，千變萬狀，求眞盡得，古未有也。」（註一四）又記述葉仁遇者，工畫人物，多狀江表市肆風俗田家人物，畫有「維揚春市圖」，狀其土俗繁浩，貨殖相委往來疾緩之態。至於春色駘蕩，花光互照，深得淮楚之勝（註一五）。圖畫見聞誌記有陳坦者，工畫佛道人物，而於田家尤爲獨步，有「村醫」、「村學」、「田家娶婦」、「村落祀神」、「移居豐社」等圖傳於世（註一六）。除此之外，另有畫家專志從事寫繪人物之表情音容及可愛之動態者，如圖畫見聞誌記有田景者，工畫人物有奇思，嘗得一扇面，畫三教作二童弈碁於僧前，一則乘勝而矜誇，一則敗北而悔沮，僧臨視而笑，瞻顧如生（註一七）。而畫繼記劉宗道，作「照盆孩兒」，以手指影，影亦相指，形影自分。每作一扇，必畫數百本，然後出貨，卽日流布，實恐他人傳模之先也（註一八）。在人物畫中以專事描繪嬰兒之名手蘇漢臣，爲其所寫繪之各類嬰兒生活情狀無不神采奕奕，體度如生，爲人物畫增添一可喜可愛之題材（註一九）。

以民間生活情狀爲題材，不論其描繪之內容爲市廛之繁華熱鬧景象，抑或爲寫繪田家生活情狀，乃至刻畫各地生活習俗，咸爲畫家從實際生活中觀察、體會而出之情景，故能賦於親切之感情，因之，所寫繪之人物情態無不刻畫入微，栩栩如生。此種畫藝之成就與先前陳陳相因於描繪缺乏感情又乏創意之教化故實題材相較，應視爲一則令人感奮之進步。

乙、愛國題材之表現

我國繪畫歷史久遠，畫藝內容包羅萬象，單就人物畫之範疇而言，凡涉及教化人倫有關之事象均經歷代名家采繪成圖，以作政教宣化之資，然此類有裨助於存鑒戒助人倫之題材，輒限於榮旌聖賢忠烈之美德懿範與神仙鬼神之禍福事象之描繪，畫家亦以潛心畫藝理趣與技法之研鍊爲滿足，絕少縈心國家大局之安危而興繪有關愛國之題材者。趙宋因倡文治爲首功，文藝固然因之而蓬勃臻盛，然國力却由此而轉趨衰頹，外寇頻犯，靖康之恥，歷久難雪，江南苟安，日久翫生，君臣縱情逸樂，無復國雪恥之遠思，此種情境正如平顯於其松雨軒集所云：「南渡君臣忘雪恥，西湖歌舞願春遲；誰憐汴水多秋色，山鳥呼風鼬鼠肥」。（註二〇）儘管朝廷爲昏君佞臣所掌管，然愛國之憂思多存於匹夫之寸心。當時畫院之能手多有忠君愛國之情操，乃藉供職朝廷之便，以其藝術之所長，藉機寫繪規諫之題材，希冀帝王明鑒其忠心，奮發蹈勵以雪恥復國。此一感人之事跡，厲鶚在其南宋院畫錄序文中亦明白提示。謂：

顧李唐以下，如「晉文公復國圖」、「觀潮圖」之類，託意規諷，不一而足，庶幾合于古畫史之遺，不得與一切應奉玩好等（註二一）。

有關南宋畫院畫家愛國題材之表現，章廷彥於南宋院畫錄之序文中更有詳細之引介。謂：

然其時若耕織成圖，規先勤儉，風林放牧，諷寓偃修；落日大旗，宜激揚其壯志，凌霄四將，更動念夫元戎；以及晉文歸國之規模，孫武教兵之陣式，宮禁觀潮之不忘水戰，征帆冒雪之獨慨轉輪。……畫以史稱，藝由道進，豈徒逞玩好以娛心目哉（註二二）。

章廷彥由南宋院畫錄中薦紹吾人諸多當時院人表現於畫藝之愛國題材，由此使吾人對我國畫藝之能表現愛國之情操感到無比之欣慰，而對「院人之雅有昂霄志」，以畫藝獻身於國家，尤感到無比之崇敬。而類此諸多愛國題材之表現，尤爲郭若虛於撰寫圖畫見聞誌時所難預料，故其論「古今優劣」中謂佛道人物近不及古，若單以創畫之技法而論，固有其可信之道理在，若以作畫之內容題材而觀之，則後代之表現乃另有其進步之一面。尤以畫家愛國情操之豐富，熱烈從事於寫繪愛國題材之作品，可謂我國繪畫藝術上具有「革命性」之可敬風氣。

二、表現技法

我國人物畫起源甚早，經歷代名家苦心創研畫技，故表現技法乃能與時俱進，張愛寶之歷代名畫記，於戴顒條下對我國古來人物畫繪製演進情狀附有精要之記述：

> 後晉明帝、衞協皆善畫像，未盡其妙。及戴氏父子（戴逵及其子勃、顒），皆善丹青，又崇釋氏，範金賦采，動有楷模。至如安道，潛思於帳內，仲若懸知其臂胛，何天機神巧也！其後北齊曹仲達，梁朝張僧繇，唐朝吳道玄、周昉，各有損益，聖賢肸蠁，有足動人，瓔珞天衣，創意各異，至今刻畫之家，列其模範，曰曹、曰張、曰吳、曰周，斯萬古不易矣（註二三）。

雖然曹仲達、張僧繇、吳道玄與周昉四者在畫藝上皆有其獨到之造詣，而被當代及後人共同奉爲模範，然四者之間，因其專擅之藝能雅韻有殊，體有軒輊，故難免有等第之分。其中吳道玄授筆法於張旭，復挾其不窮之靈智，演成超絕之藝能，棄巧密精謹之體法，擅離披點畫之特技，畫跡雖時見缺落，其勢却圓轉而意周，傅彩簡淡，然韻趣雄邁，其神妙之畫藝古今獨步，前不見顧、陸，曹仲達與周昉豈足以方駕，故被尊稱「畫聖」，於是「吳生之作，爲萬世法」。宋代之道釋人物畫名手自太祖乾德至神宗熙寧以前計有王靄、高益、高文進、王道眞、楊斐、趙元長、趙光輔（以上畫家均屬畫院）、王瓘、孫夢卿、侯翼、孫知微、童仁益、武宗元與王拙等人（院外人物），其中除趙光輔自出機杼自創「刀頭燕尾」體格，與童仁益出自天資，不由師授之外，其餘衆多名手或直摹吳生舊壁之蹟，或輾轉私淑其遺法，均或多或少溉霑吳生之流澤。總之，北宋中期以前之道釋人物畫家，不論供職於畫院之畫師，抑或出身於院外之畫家，大都宗法吳生規制，不敢稍放胸臆，故少有特立之新法。

神宗之後安徽舒城李公麟出，資性秀發，自幼喜愛藝術，於畫「始學顧、陸與張僧繇、吳道玄，及前世名手佳本，至磅礴胸臆者甚富，乃集衆所善，以爲己有，更自立意，專爲一家，若不蹈襲前人，而實陰法其要。凡古今名畫，得之則必摹臨，蓄其副本，故其家多得名畫，無所不有。」（註二四）公麟之畫藝能轉學多師，其本身又博學精識，故在早年已有深厚基礎，以致其人物畫之成就迥非常流所能同提並論。凡其所作人物不止於肥紅瘦黑之膚淺形似工夫而已，其精絕之處乃在善於把握對象不同資品之特點而予以深刻之描繪，故其所作人物畫，見其狀貌，使人望而知其廊廟館閣、山林草野、閭閻臧獲、臺輿皂隸，至於動作態度、顰伸俯仰，小大美惡，與夫東西南北之人才，分點畫尊卑貴賤，咸有區別」（註二五）。雖然其人物畫之成就已達如此精妙之境，公麟並不以此爲滿足，乃繼續對其畫藝增拓其境界。其後，人生修養日進，又常與禪僧交遊證道，因之，體悟淡寂清眞之奧詣，同時以其所體悟之玄淡寧妥之人生高妙境界轉而入於畫藝之境，因而變吳裝而爲白描。而所謂白描乃是作畫不假青綠朱粉染飾物象形姿體貌，而僅以勁毫淡墨寫繪之，務意於勾攝物象之高雅清眞之神氣爲旨趣，後世謂之「白描法」。

李公麟之白描畫一般畫論家均稱譽其具有遒勁、秀麗、暢達之超俗風味，其奧妙處既具有顧愷之之高古雅致風範，又兼有吳道子之爽健舒逸之格趣，因而創下我國人物畫之典型。而李公麟白描畫之所以能獨獲如此超絕之成就，雖然由其人生之修養與禪僧之證道論禪而體悟玄淡清眞之藝道旨趣有關，然則其雅素勁俊之白描技法，却由臨寫古文篆擂中習得，因之，其白描技法乃別具韻味，而又達於爐火純青之境，成爲我國前無古人後無來者之白描典範。

我國自古以來之道釋人物畫多飾彩暈色，尤有甚者，爲增顯寶相之莊嚴常有賦采範金之作。即使曹仲達、衞協、顧愷之與陸探微等宗師亦無不熟施彩繪。吳道子作畫雖以墨蹤見稱，然「傅采於焦墨痕中，略施微染」爲其「吳裝」特有之技法。惟吳生作圖施色比之前代諸巨匠之重用彩繪之習氣已然大有改觀，然猶未完全脫棄傳統著色人物畫之遺習。至李公麟之盡變吳裝爲白描，於道釋人物畫之作，遂不再講究色相巧麗之刻畫，而僅留心於筆法墨蹟之運施與對象神情氣韻之勾擷。因之，李公麟白描人物之畫藝成就比之前輩宗師之藝能，應允稱其空前之進步。

爲李公麟所創化之既具有超逸又兼爽健之白描畫風，不僅重大影響於宋朝非畫院人士，而且更普遍而深入影響於南宋畫院之畫師。紹興畫院祗候賈師古首傳其學，白描人物得閒逸之狀。然後再傳嘉泰畫院待詔梁楷，因描寫飄逸，遂有過藍之譽。梁楷爲我國畫藝之怪傑，不僅其處世行宜高怪，即其畫藝之別出風規，又而卓絕不群，誠爲我國畫史上獨一無二之奇才。夏文彥之圖繪寶鑑記其特立奇倔之行爲。謂：

梁楷，東平相義之後，嘉泰間畫院待詔，賜金帶，楷不受，挂于院內而去。嗜酒自樂，號曰梁風子。

至於其畫藝之修爲，夏氏記其「善畫人物、山水、道釋、鬼神，師賈師古，描寫飄逸，青過於藍。院人見其精妙之筆，無不敬伏，但傳于世者皆草草，謂之減筆」。（註二六）由夏文彥之記述中可知梁楷於各科畫藝無不精善，已自不凡。至於其精妙之筆並不僅囿擅減筆一端。據諸家畫史所記有關梁楷之畫藝技法，可謂精簡俱備，奇正得宜。茲轉錄數則，藉見梁楷畫藝變異不同之格趣。

梁楷「高僧圖」，紙畫一幅，畫法簡略，蓋效吳道子者。——吳其貞書畫記。

梁楷「淵明圖」小絹畫一幅，寫淵明把菊行松樹下，畫法工緻，精神迥出，爲楷之上作也。——吳其貞書畫記。

梁楷「黃庭經神像圖」，紙畫一卷，畫法精工，後有趙松雪小楷，黃庭經則非也。——吳其貞書畫記。

余家藏宋梁楷畫「孟襄陽灞橋驢背圖」，信手揮寫，頗類作草書法，而神氣奕奕，在筆墨之外，蓋粉本之不可易得者。——張所望閱耕餘錄。

梁楷寫佛道像細入毫髮，而樹石點綴，則極洒落，若略不注思者，正以像既恭謹，不容不借此以助雄逸之氣耳。——紫桃軒雜錄。

梁楷之畫藝既學從賈師古，然因其不泥執於師法，善於變通資轉，故畫蹟乃迥異於師古，精能工緻之筆法固能令人敬佩，而率逸減筆之作，亦爲莘莘多士所同欽。而其傳世之減筆畫技乃由賈師古之白描轉化而成，而賈師古之白描則承習李公麟，如是推溯，梁楷之草草減筆人物畫技雖不妙肖公麟之傳缽，然其創意則紹源於公麟。宋學士集記述一則宋濂之梁楷「羲之觀鵝圖」跋，文中謂：或者但知其筆勢遒勁，爲良畫師，且又謂其師法李公麟，誤矣（註二七）。其實宋濂不識藝道之善於師法者，僅師其神氣意趣而已，並非亦步亦趨，株守陳跡，故宋濂之論可謂自誤矣。而由此亦可明燭梁楷減筆人物畫技之清絕躋巔，非前賢所可以範圍者。

梁楷在畫藝上不僅創用「減筆」畫技聞名千古，爲其所體創之另一畫格——潑墨人物畫，亦同樣爲後世所讚佩不置。如前所述，我國早期之人物畫多重彩繪，至吳道子始變異古法，縱墨爲體，然亦略施染色，已稱新猷。至李公麟再出新意，以白描範世，我國人物畫之筆跡格趣至此已達於頂峯。然梁楷則一反先賢精筆鉤勒線條之法，儘量略棄筆蹟，亦摒除色彩，而代之以淋漓之水墨潑寫對象之形體，因而，其潑墨而成之人物畫使人產生元氣淋漓、墨韻酣暢之感。

我國潑墨畫始興於唐朝之王洽而宋朝之米芾承其意緒，把潑墨之技法以及各種墨韻推展至無以復加之境地，然則王洽與米芾之潑墨畫技均僅施用於山水畫。事實上，山水之題材最適合寫意之表現，而水墨暈障，潑墨成圖，最足以表現山光水色之氤氳妙蘊，故潑墨山水乃成爲寫意畫之契藝。儘管潑墨山水早有佳績垂範後世，但潑墨人物，至梁楷創用之前却鮮聞其方，而梁楷一出，專志於畫藝新法之創研，起先取法前輩潑墨山水之旨趣，配合運用減筆畫技之特長，始而創畫潑墨人物，成爲我國畫藝表現之一絕。由其傳世之「潑墨仙人」足以窺見其潑墨人物之超邁不群，而爲我國水墨人物畫進展里程之極宜。

人物畫科之中另有傳寫一門特藝。傳寫乃是指畫家對實際之人物作寫實性質之摹寫，而傳寫之特點乃在刻畫實際人相之形神，使其妙肖對象本身爲目的，與一般僅憑意想而繪製之人物畫迥然異趣。我國人物畫本來就含有很重之寫實意味，然因自古以來著重於氣韻生動之探究，又強調筆情墨趣之施爲，而所寫繪之對象又多爲距離畫家當世頗久之故實，甚至完全依憑想像幻構而成之仙道鬼神，因之，繪畫之思想越發與寫實精神相違離。

人物畫至宋朝時因受理學講求「尚理求眞」之深重影響，因而對於畫藝創作方面遂大爲考究理趣與神韻，而理趣與神韻之表現方式則因個人之先天賦性與學養見識而有不同，甚或有極端相反之理念發生。因之，表現於畫藝方面乃有不顧物象之形似，而「以意造理」直取物像之天趣爲要旨。因之，寫繪之技法乃偏重於寫意。以人物畫而言，諸如大落墨、飛白筆法、白描畫法、減筆畫以及潑墨法等均屬寫意技法之範疇。而另一方面對物象之表現必「窮理求眞」，以達到妙肖自然之逼眞境地爲其最高之鵠的，而傳寫與寫眞則爲人物寫實畫之要方。宋朝畫藝理趣之覓求既因人而異，而寫意人物畫既有輝煌之成就，則寫實之人物畫亦有相對之非凡成果。茲錄列名家之事跡於後：

牟谷，不知何許人。工相術，善傳寫，太宗朝爲圖畫院祗候，端拱初詔令隨使者往交趾國，寫安南王黎桓及諸陪臣眞像，留止數年，既還屬，宮車晏駕，未蒙恩旨。閒居闔闔門外，久之，眞宗幸建隆觀，谷乃以所寫太宗御容張於戶內，上見之，敕中使收赴行在，詰其所由，谷具以實對，上命釋之。時太宗御容已令元靄寫畢，乃更令谷寫正面御容，尋授翰林待詔。能寫正面，唯谷一人而已。

僧元靄，蜀人，自幼入京，依定力院輪公落髮，妙工傳寫，爲太宗朝供奉。一日在禁中傳寫，爲一小黃門毀辱，遍問同列，無肯言其姓名者。乃草一頭子，懷之見都知李神福，訴以毀辱之事，神福曰：「小底至多，不得其名，誰受其責。」靄乃探懷中所草頭子示之。李一見嗟訝曰：「此鄧某也，何其倉卒之間，傳寫如此之妙。」因召鄧責誚，伏過而去。

僧維眞，嘉禾人。工傳寫，嘗被旨寫仁宗、英宗御容，賞賚殊厚。元靄之繼矣。名公貴人，多召致傳寫，尤以善寫貴人得名。

歐陽黌，京師人，工傳寫，宗侯貴戚，多所延請。其藝與僧維眞相抗，餘無出其右者。

何充，姑蘇人。工傳寫，擅藝東南，無出其右者。

以上諸家乃錄自於圖畫見聞誌卷三，而鄧公壽畫繼卷六亦專闢有人物傳寫事蹟之記事，僅錄其著名者如下：

李士雲，金陵人。傳荊公神，贈詩曰：「衰容一見便疑眞，李氏揮毫妙入神；欲去鐘山終不忍，謝渠分我死前身」。

程懷立，南都人。東坡作傳神記謂：「傳吾神，衆以爲爾得其全者」。懷立擧止如諸生，蕭然有意於筆墨之外者也。

朱漸，京師人。宣和間寫六殿御容。俗云「未滿三十歲，不可令朱待詔寫眞」，恐其奪盡精神也。

徐確，不知何許人？令居臨安。供應御前傳寫，名播中外。

在畫繼卷四及卷五又分別記述兩位寫貌之名家：

何克秀才，不知何許人？能寫貌。坡有贈詩曰：「問君何苦寫吾眞？君言好之聊自適」。

妙善師，長寫貌。嘗寫御容，坡贈詩云：「天容玉色誰敢畫？老師古寺晝閉房；夢中神授心有得，覺來信手筆已忘。幅巾常服儼不動，孤臣入門涕自滂；元老侑坐鬚眉古，虎臣侍立冠劍長」。

傳寫一門崛興於趙宋，此一畫技在當時專在於爲帝王貴戚或名流巨室服務，然其傳神寫眞之妙藝則非一般寫意畫家之恣意於筆情墨趣之揮掃所能表現。吾人論述宋畫之成就時，宜應體認此一畫藝比之宋朝以前各代有突出而鼎盛之表現。

士女牛馬

女性之形體姿色本來卽具有陰柔可愛之美感，而士女不論其內在之修養素質與外在之儀態姿容均爲女性之姣姣者，故其可愛之美致恒爲世人所愛慕，因之，莫不欲長敘其事，常見佳容，士女畫乃應運而興。

士女畫其實應稱爲美人畫，我國對美人畫從未冠以一明確不變之名稱，唐末稱爲「子女」（註二八）或「士女」，子女與士女本來乃是指上流社會階層中之年青男女而言，然由於繪製宮女之場合甚多，以致士女乃漸失却原意，而變爲宮娥、宮女之泛稱。士女又稱仕女，然古時亦用美人之名稱，故士女、仕女與美人畫，名稱雖異，然實指則一。因傳統均稱士女或仕女，故此一名稱延續至今日仍然不變，惟其實質意義則又隨時代之不同而非必然指宮女而言，凡描寫資性嫻淑，儀容嫵媚俏麗之女性，則又稱爲仕女畫。

我國仕女畫之產生乃是以貴族文化爲背景，而以繪製綺年玉貌之美女姿容作爲觀瞻怡情之用。而南北朝時於文藝均尚穠美都麗之風，尤於宮廷供奉之名手更擅靡麗濃艷之作，仕女本身最具聲色之怡情悅性作用，遂自然爲南北朝之惟美畫師選爲表現之對象，故仕女畫乃大成於此時。而尤其南朝之宮廷畫家更以其精鍊之畫技從事寫繪仕女，故一時仕女名家相繼輩出。其中最負盛名者有宋之袁倩，其象人之妙，有亞美前修之譽，其於婦人之作，特有古拙之風（註二九）。「畫嬪嬙，當代第一」之南齊劉瑱，於婦女之作特別講究裁構，有失眞之弊，然甚有姿態（註三〇）。其「搗衣圖」應爲南唐周文矩「搗衣圖」之始範。而在其時之人物畫家雖不專擅於仕女之作，然偶亦資筆於美女之題材，如宋之陸探微即有「宋桂陽王寵姬像」、「搗衣圖」及「蔡姬蕩舟圖」之作，梁之解倩則有「丁貴人彈曲項琵琶圖」。另有專擅以貴游飲宴之題材而又關涉到仕女風情之「綺羅」圖專家，如梁之袁昂其「綺羅一絕，超彼常倫」（註三一），然却無流傳之畫蹟，但可想見當其生世時必有豐多之作品。

仕女圖由於南北朝之拓奠初基，再經隋朝之播介，復受唐朝重視美人畫創作之大力推動，其後又經五代宮廷畫師之苦心營畫，仕女之作乃達於鼎盛臻美之境。由南北朝至五代既爲仕女圖由肇基以至大盛之時，故其間之名家輩出，舉其名者而言，隨之孫尙子其畫藝雖偏善於鬼神，然其所作婦人亦有風態，有「美人圖」傳世。唐代仕女畫家因能吸收異國藝術重形似之新觀念，再加以唐人恢宏壯濶之氣魄，故所寫繪之仕女圖均具明艷壯頎之風韻。而最負盛名之大家當推玄宗時之張萱及代宗與德宗年間之周昉。五代時因南唐與西蜀之設立畫院，仕女畫家更形活躍，數其名手則有前蜀阮知誨及其子惟德、徐德昌、張玫，南唐則有周文矩、竹夢松、杜霄等人。而彼輩之題材上自王妃、貴人、嬪嬙，下至歌伎侍女，而其寫作內容有暴露艷情之貴妃入浴、情侶幽會；表情緒之秋思、惜花；表歡樂行爲之春遊飲宴及鞦韆、捉蝶、揮扇納涼；另有專門寫繪歌伎幽美之舞樂形姿，並各類樂器同時畫出。

因前人對士女畫之創畫有如此廣涉而精到之經營，至宋朝郭若虛時乃對士女之作認爲「近不及古」。郭氏認爲士女畫近不及古之最大理由爲「牛馬」畫藝並列而同論爲「張（萱）周（昉）韓（幹）戴（嵩），氣韻骨法，皆出意表」。而在其「論婦人形相」中則更有清楚之說明：

> 歷觀古名士，畫金童玉女及神仙星官，中有婦人形相者，貌雖端嚴，神必清古，自有威重儼然之色，使人見則肅恭，有歸仰之心。今之畫者，但貴其姱麗之容，是取悅於衆目不達畫之理趣也，

觀者察之（註三二）。

就以氣韻骨法之體現，與形相威重、神氣清古而論，古人確有其難得之成就，而所以致此之故，一則乃前人之審美觀念不同，觀人輒以古雅肅穆爲上；一則爲前人對畫藝特重氣韻骨法，而每以傳統之高古技法寫繪具有古拙模樣之人像所致。就以周昉而言，其畫人像「全法衣冠，不近閭里」及「衣裳勁簡，彩色柔麗」（註三三），故其畫像乃有肅穆端嚴之感。雖然畫藝尊重古風亦有可取之處，然藝術乃應隨時革故布新，方能有新意不窮之機趣，藝道亦賴創新而益爲宏顯。

宋人對於仕女畫之表現理念著重於尙眞與寫實，既重尙眞與寫實，則其所畫之對象乃多取資於當代之人物，畫相既不法遠古之衣冠，而以實際之閭里人物爲依據，則姱麗姿容之描繪則爲必然之趨勢。而另一方面而言，宋人之仕女畫並非僅以描繪現世姱麗姿容爲滿足，而以捕捉人物雅淡無華之素質爲旨趣，因而宋代之仕女畫乃進化爲專以繪製實際人生動態之題材，與專以勾畫人物雅趣素質之白描兩種。

宋代仕女畫專以繪製實際人生動態之題材者多爲畫院畫師，而北宋畫院畫師與院外人物畫家均熱中於繪製道釋人相與風雅之故實人物，故鮮有及於仕女畫之專題描寫，仕女題材多僅配綴於界畫中出現，然因畫家多重寫實，又肯研求創意，故每有可喜之佳蹟。畫繼有一則記事：

畫院界作最工，專以新意相尙。嘗見一軸甚可愛玩，畫一殿廊金碧熀耀，朱門半開，一宮女露半身於戶外，以箕貯果皮作棄擲狀，如鴨脚、荔枝、胡桃、榧、栗、榛芡之屬，一一可辨，各不相因，筆墨精微有如此者（註三四）。

雖然北宋時殊少專門寫繪仕女題材之專家，然對仕女畫仍存有普遍之關切，此種情狀在徽宗朝之畫學考試中可以窺見之。在畫學考試中曾命一題「嫩綠枝頭紅一點，惱人春色不在多」。其時畫手有畫花樹茂密以描寫盛春光景者，然不入選。惟一人畫危亭，美人依欄而立，口脂點紅，傍有綠柳相映，遂入選。其後，有一題題名爲「萬綠叢中紅一點」與試者多畫楊柳美人。由前記界畫中宮女之表現與畫學試題之寫繪「美人依欄干而立，口脂點紅」之造形觀之，若依郭若虛之見解，乃是「但貴其姱麗之容，是取悅於衆目不達畫之理趣」；然若從藝術表現實際人生之旨趣而言，則宋人之仕女畫在理念上當爲一大進步。

在同一時代中，因嗜喜畫藝之人材衆多，作畫之理念有傾向於切合新時代之潮流者，亦有偏愛古典作風者。宋代之士女畫乃包容上述之兩種性質。以偏愛古典作風而言，所表現之卓越成就實可比肩前代之巨匠而無遜色。舉其盛譽而言，徽宗人物畫追踪唐人，萬機之暇，偶亦與繪婦人圖，曾有「摹張萱擣練圖卷」傳世，其所表現之人物雍容華貴，碩頎而可愛，表現之筆法婉約暢達，無絲毫穿鑿牽強之痕跡，此一圖卷雖爲臨摹者，然徽宗所加注之巧妙匠心，無異於繪製新圖，故其績效直可與張萱相頡頏。曾於徽宗朝任宣和畫院待詔，其後於紹興年間復官之蘇漢臣，於專善釋道人物及嬰兒畫之外，猶旁工士女，其畫藝師自劉宗古，長於成染，不背粉，水墨輕成之技法，復能善自創運風格，故有超邁前蹟之不凡成就。畫鑑稱譽其士女畫之成就。謂：

士女之工，在于得其閨閣之態，唐周昉、張萱、五代杜霄、周文矩，下及蘇漢臣輩，皆得其妙。不在施朱傅粉，鏤金佩玉，以飾爲工（註三五）。

蘇漢臣以傳統之古典技法而達於與古代宗師比肩方駕之境地，誠屬難得。而自漢臣以後之南宋仕女畫家，則多恢復以寫實之方式描寫與生活有關之愜意情景爲題材。如馬逵之「教鸚鵡士女圖」。孫覺之「撲蝶仕女圖」、「香紈侍女圖」、「詩女圖」。馬麟之「美人撲蝶圖」、「夜景美人圖」、「蝶戲長春、美人撲蝶圖合卷」等，無不描繪人間愉舒情景，而此種可愛之情景，會稽朱瑾爲馬麟「蝶戲長春、美人撲蝶圖合卷」賦詩二首，茲特引錄，以見此類士女圖之旖旎動人。

宸翰分明轉化機，宮花委露蝶參差，江南動植皆春意，點染誰言在一枝。

澹妝小步出椒房，回首薰風戲蝶雙；香汗未同花蕊露，不須羅扇重揮揮（註三六）。

在南宋諸多善畫仕女圖中，多選取輕柔迷人之題材，而唯有嘉泰年間畫院待詔陳居中匠心獨運，於工善蕃馬之餘，資筆於哀感題材之「文姬歸漢圖」，並寫繪具有剛雄意趣之「女獵圖」傳世。因此種題材迥異於往昔之嫻雅淑靜之仕女風範，故凌雲翰於柘軒集中題詩以誌其異。

獵事應難屬女工，院人名畫說居中：蛾眉狐媚唐家婦，逐鹿何曾屬角弓？（註三七）

宋代仕女圖除專門繪製與實際人生有關之寫實題材之外，另有勾畫人物淡雅無華之素質爲旨趣之白描畫，仕女白描畫乃是由李公麟所體創之白描技法同根分衍而出之畫藝。北宋末期因李公麟倡導白描畫風，對物象之描繪主張以簡淡代替華縟，以雅素白描直取物象本質之意趣，故白描仕女之作雖不像一般寫實畫之塗脂傅粉，艷色滿身，然因其能充分發揮筆墨暢舒之機趣，故其物象雖不待丹碌之采，却使人有五色具足之感受。雖然李公麟以白描畫風範世，其白描名作指不勝屈，如「白描維摩勘書圖」、「白描陽關圖」、「白描羅漢圖」、「白描華嚴變相卷」、「白描維摩說法圖」、「白描于闐國貢獅子圖」、「白描羅漢渡海圖」、「白描淵明圖」、「白描山水」、「白描九歌圖」以及「白描子儀單騎降虜圖」等等（註三八），然却極少以白描寫繪婦女圖，其「白描湘君湘夫人」或可勉強列論其數，而其「摩耶夫人」、「女孝經」以及「王昭君」則爲古典題材之婦人像較受後人所歡迎。雖然如此，李公麟之白描畫風乃被後代之畫家所移習於仕女之作。如南宋理宗寶慶年畫院待詔孫覺除以娉麗之寫實技法描繪仕女之外，尤善於運施精巧之白描筆法寫繪婦人，有「白描毛女」傳世。我國士女畫藝至宋代而以白描技法行世，視之古人傳統畫藝，允爲創意可喜之作。

國人論及國畫中有關牛馬題材之成就時，亦深受郭若虛之深重影響，咸認爲「近不及古」，故言牛必稱戴嵩，論馬必及韓幹，並同時譽述戴、韓之前輩大家韓滉與曹霸。就事論事，韓滉與戴嵩之牛，曹霸與韓幹之馬，均有超乎常倫，範法古今之成就，然曹、韓之駿駒並不能宰制天下新猷之出世；同理，韓、戴之名作亦無法統御後世卓藝之輩出。

牛與馬同爲古人喜繪之畫藝題材，而古人嗜喜寫繪牛馬題材之理念，宣和畫譜卷第十三畜獸敍論即有開宗明義之說明：

> 乾象天，天行健，故爲馬；坤象地，地任重而順，故爲牛；馬與牛者，畜獸也，而乾坤之大，取之以爲象，若夫所以任重致遠者，則復見取於易之隨，於是畫史所以狀馬牛而得名者爲多。

爲明瞭宋代牛馬畫藝有方駕於古人之佳績，故事先對古代牛馬之名家風範作推介，爲敍述方便計，首先論述馬，其次及於牛。

自古來畫馬名家，據宣和畫譜所稱述，「奥自晉迄于本朝，馬則晉有史道碩，唐有曹霸、韓幹之流」而在譜中所列述之名家除前記三人之外，另有唐朝漢王元昌，因其胸中蘊蓄千里之氣，故其所畫驊騮名駒，頗得風韻，具自然超舉之功。江都王緒，最長於鞍馬，杜子美對其畫藝之成就曾於詩中頌譽：「國初已來畫鞍馬，神妙獨數江都王」，則緒爲一時之所重。其可知歟。韋偃技藝習自其父鑾，而能變其家學，筆力遒健，風格高舉。杜子美嘗有題偃畫馬歌，所謂「戲拈禿筆掃驊騮，倏見麒麟出東壁」者是也。另有明皇時韋無忝，及裴寬亦善畫馬，而韋鑒、韋鑾昆仲亦以畫馬著稱。至於晉史道碩雖亦善於畫馬，然僅爲其人物畫之餘興，故不能號稱專題之大家。前述數家雖以畫馬稱譽於時，然藝能或有偏頗之處，以致未臻上乘之巔，故不若曹霸及韓幹之芳譽衆碑，範法千古。

歷代名畫記謂：「曹霸，魏曹髦之後。髦畫稱於後代。霸在開元中已得名，天寶末，每詔寫御馬及功臣，官至左武衞將軍」（註三九）。因其畫馬早已盛譽滿天下，故杜甫特賦丹青引以贈頌之，在詩中對其寫繪之題材與繪畫成就均有紹述，玆摘錄有關畫藝要妙之句如下：

先帝天（一作御）馬玉花驄，畫工如山貌不同。是日牽來赤墀下，迥立閶闔生長風。詔謂將軍拂絹素，意匠慘澹經營中。斯須九重眞龍出，一洗萬古凡馬空（註四〇）。

至於曹霸之筆墨造詣，夏文彥之圖繪寶鑑記稱「筆墨沉著，神采生動。」（註四一）

而關於韓幹畫藝之事蹟，歷代名畫記記述甚爲詳備，茲摘要錄引之。

韓幹，大梁人。王右丞維見其畫，遂推獎之。官至太府寺丞，善寫貌人物。尤工鞍馬，初師曹霸，後自獨擅。杜甫曹霸畫馬歌曰：「弟子韓幹早入室，亦能畫馬窮殊相，幹惟畫肉不畫骨，忍使驊騮氣凋喪。」彥遠以杜甫豈知畫者，徒以幹馬肥大，遂有畫肉之誚。……時主好藝，韓君間生，遂命悉圖其駿。則有玉花驄、照夜白等。時岐、薛、寧、申王廄中皆有善馬，幹並圖之，遂爲古今獨步（註四二）。

韓幹所畫之馬皆爲皇廐中飼養之天下名駿，故其神形壯碩昂越，逈非一般駑駘所可比擬，杜甫對韓幹畫馬之技藝甚爲賞識，故特賦畫馬贊以讚譽之。

韓幹畫馬，筆端有神。驊騮老大，騕褭清新。魚目瘦腦，龍文長身。雪垂白肉，風蹙蘭筋，逸態蕭疏，高驤縱姿。四蹄雷雹，一日天地。御者閑敏，去何難易？愚夫乘騎，動心顛躓。彼駿骨，實惟龍媒。漢歌燕市，已矣茫然。但見駑駘，紛然往來，良工惆悵，落筆雄才（註四三）。

至於韓幹畫馬之畫藝特點，圖繪寶鑑謂其「畫馬得骨肉停勻法，傅染入縑素。」（註四四）我國畫馬至韓幹出，能得骨肉停勻，則已然掌握畫馬最切實之技法，衡之往昔之畫馬風範，顯然有極大之進步。歷代名畫記於韓幹條下曾附記我國古來畫馬演進之情狀，謂：

古人畫馬有「八駿圖」，或云史道碩之迹，或云史秉之迹。皆螭頸龍體，矢激電馳，非馬之狀也。晉、宋間顧、陸之輩，已稱改步；周、齊間董、展之流，亦云變態。雖權奇滅沒，乃屈產、蜀駒，尚翹舉之姿，乏安徐之體，至於毛色，多騧騮騅駮，無他奇異（註四五）。前記古人所畫之馬之所以有「非馬之狀」，乃至幾經改步、變態之後，猶「尚翹舉之姿，乏安徐之體」，皆因不能善於把握馬匹之眞實特性與妥善處理馬匹之骨肉結構所致。而韓幹精善馬匹骨肉勻當之描繪，故能出古人一頭地。

唐人爲畫馬藝能奠下光皇之宏基，五代時胡瓌與東丹王契丹專志於寫繪蕃馬，擅名於時。胡瓌之作雖繁富細巧，然用筆清勁，其體格有纖健之功（註四六）。東丹王以異族歸化中華，挾其生地之見聞，故其所畫之題材皆爲其本國人物鞍馬，多寫貴人酋長，胡服鞍勒，率皆珍華，而馬尚豐肥，筆乏壯氣（註四七），然論者已稱好評。宋承唐朝及五代嗜擅畫馬之後，亦能不墮前習，畫家秉承前人既成之豐厚基礎作更精進之創研，故畫馬之作乃有超越前人之佳猷。在趙宋皇朝之內，畫馬之藝能超邁前習者當數太祖時之趙光輔與神宗時之李公麟。

趙光輔，籍隸華原，工畫佛道，兼精蕃馬，其畫藝不願株守古法，故乃凝志創意，特以勁利之筆鋒作圖，名「刀頭燕尾」（註四八）。至於其圖繪蕃馬之藝趣，聖朝名畫評有清楚之評述。云：

> 趙光輔尤善畫蕃馬，凡欲爲之，必心潛慮密，視聽皆斷，方肯草本，然後點竄增減，求具完備，始下縑素，故光輔無一毛之失，得者如有至寶。古今爲藩馬者亦可數，胡瓌得其肉，東丹得其骨，光輔兼有之。至於戲風拽繩、吃草飲水、奔走立臥、嘶嚙跑蹶、瘦壯老嫩、駑良疲逸，羈縶疾病之狀，莫不精至（註四九）。

誠如劉道醇於其聖朝名畫評所云，古今爲藩馬者亦可數，諸家雖各有其專擅之優點，然因賦性不同，見識有別，才藝不齊，故所圖繪之馬圖乃各殊其體，或得其形，或肖其骨，而欲如趙光輔之骨肉兼得，神形俱完之成就，則難求其儔。而趙宋之有趙光輔爲蕃馬之作立千古之標程，亦云榮績矣。

李公麟大才逸群，對於繪畫藝術，無所不能，亦無所不精，於畫藝精擅人物與鞍馬，並及於山水，李廌於其畫品中對公麟之藝術成就曾作概要之評述。謂：

龍眠君士雅好畫，心通意徹，直造玄妙，士大夫以謂鞍馬愈於韓幹，佛像可進吳道玄，山水似李思訓，人物似韓滉，非過論矣（註五〇）。

由李廌對李公麟之評詞中，吾人固然對龍眠居士之畫藝成就有概括性之認識，而其中尤使吾人注目者，乃是其「鞍馬愈於韓幹」之語，被列於所有畫藝成就之首位，而此看法並非僅李廌本身之論見而已，乃是李廌綜合「士大夫」之看法而下之評語，由此可知李公麟鞍馬成就之偉大。

至於李公麟鞍馬成就之不凡處，鄧公壽在畫繼中則有更精詳之論述：

龍眠居士尤好畫馬，飛龍狀質，噴玉圖形，五花散身，萬里汗血，覺陳閎之非貴，視韓幹以未奇，故坡詩云：「龍眠胸中有千駟，不惟畫肉兼畫骨」。山谷亦云：「伯時作馬，如孫太古湖灘水石」。謂其筆力俊壯也（註五一）。

李公麟鞍馬之所以能有超越前代大家之成就有二因素：其一爲善於取資古人；另一則爲以活馬之師，而勤於畫筆。以其善於取資古人而言，宣和畫譜謂「公麟初喜畫馬，大率學韓幹略有損增」（註五二）之語詞中，可窺知公麟之鞍馬起初學從韓幹，雖然不一定對韓幹之畫馬技藝作全盤之模習，但至少受其畫風之影響不淺，此由前記坡翁之讚詞「不惟畫肉兼畫骨」之句中可以看出，韓幹畫馬乃以豐肥健美擅勝。而如以韓幹傳世之「照夜白」與李公麟之「五馬圖」兩相比較，在此兩者畫幅中所表現（見圖版）名駒之神駿意態與雄昂壯碩之馬體觀之，則顯然有其共通取象之感。惟李公麟於畫藝凡師於人者，恒僅取資於精粹要妙之意趣，而略棄舊法之糟粕，並拓增新意於畫境之中，故輒能表現出嶄新之風格，因此，於其畫馬之圖蹟無韓幹獷悍之氣而有其雄邁之風。另有以言者，韓幹以活馬爲師而勤於畫筆，宣和畫譜曾記有其事蹟。云：

嘗寫麒驥院御馬，如西域于闐所貢好頭赤，錦膊驄之類，寫貌至多，至圉人懇請，恐并爲神物取去，由是先以畫馬得名（註五三）。

至於李公麟畫馬之認眞態度及其善於把握「全馬」神氣之蓄養功夫，宋人羅大經於其鶴林玉露論畫文中有甚精詳之述說：

唐明皇令韓幹觀御府所藏畫馬。幹曰：「不必觀也。陛下廐馬萬匹皆臣之師。」李伯時工畫馬，曹輔爲太僕卿，太僕廨舍，御馬皆在焉。伯時每過之，必終日縱觀，至不暇與客語。大概畫馬者，必先有全馬在胸中，若能積精儲神，賞其神駿，久久則胸中有全馬矣。信意落筆，自然超妙，所謂用意不分乃凝於神者也。山谷詩云：「李侯（指公麟）畫骨亦畫肉，下筆生馬如破竹」。生字下得最妙，蓋胸中有全馬，故由筆端而生，初非想像模畫也（註五四）。

李公麟畫馬圖蹟之所以有「畫骨亦畫肉，下筆生馬如破竹」之超妙成就，乃因伯時平日善於觀察馬匹之種種生活動態，並善於探究馬性之故，對此，明人李日華曾作剴切之說明：

李伯時在彭蠡濱，見野馬千百爲群，因作馬性圖。蓋謂散逸水草，蹄齕起伏，得遂其性耳。知此則平日所爲金羈玉勒，圉官執策以臨者，皆失馬之性矣。是亦古人作曳尾龜之意（註五五）。

由於李公麟畫馬善於取資古人，能棄古人之糟粕而增創新意，另一方面又能以活馬爲師，多方仔細觀察馬匹之生活動態，並善於探求馬匹之神氣與馬性，故其畫馬之成就乃能遠超遠古之所有陳蹟，而近「愈於韓幹」。

吾人於探究宋人畫馬成就時，同時述及前人之畫馬名家，以作一番蹟效上之比較，趙宋開基後前期之趙光輔與神宗時之李公麟之畫馬藝能均有駕凌古人之偉大成就，而此輝煌之成就，前者爲郭若虛所忽視，而後者則爲郭氏所未及見者，然兩者均爲我國鞍馬畫藝之超高成就，非郭若虛所謂「近不及古」所可範圍者。

古人以畜獸爲繪畫之題材，牛與馬共稱豐多，而時代愈近於宋，則工習者愈多。然入南宋後，畫牛名家則寥若晨星，而藝能之表現則以古人爲師，殊少創格可言。

我國繪畫以畫牛馳譽最早者，似當推唐末韓滉，宣和畫譜稱滉之畫藝「落筆絕人」，歷代名畫記謂其雜畫頗得形似，牛羊最佳。韓滉於畫牛之作雖有不平凡之表現，然以非急務，故自晦，不傳於人，世亦罕得其蹟。雖然如此，其傳世之「五牛圖卷」已爲後人所欽敬不已。李日華於其論畫牛馬文中曾加評譽。謂：

程季白蓄韓滉「五牛圖」雖著色取相，而骨骼轉折，筋肉纏裹處皆以粗筆辣手取之，如吳道子佛像，衣紋無一弱筆求工之意，然久對之，神氣溢出如生，所以爲千古絕蹟也（註五六）。

雖然韓滉畫牛已有絕人之筆，終因善於自晦，並因藝詣不專故未能達於極峯之境，而畫牛之極詣遂令其門人戴嵩所躋臻。宣和畫譜謂：

戴嵩師滉畫，皆不及，獨於牛能窮盡野性，乃過滉遠甚，至於田家川原，皆臻其妙。然自是廊廟間安得此物，宜滉於此風斯在下矣。世之所傳畫牛者，嵩爲獨步。其弟嶧，亦以畫牛得名（註五七）。

戴嵩於畫牛之作，雖能窮牛之野性，並配飾田家川原之勝，而有出藍之譽，然有時因其觀物失察，致其作品難免有失實情之瑕疵，蘇東坡在其書戴嵩畫牛一文中卽有指瑕之論：

蜀中有杜處士好書畫，所寶以百數，有戴嵩牛一軸，尤所愛，錦囊玉軸，常以自隨。一日曝書畫，有一牧童見之，拊掌大笑曰：「此畫鬥牛也，牛鬥力在角，尾搐入兩股間，今乃掉尾而鬥，謬矣。」處士笑而然之（註五八）。

韓滉畫牛之藝，除傳戴嵩之外，另有一傳人張符，其畫牛頗工筆法，畫放牛圖，獨取其村原風煙荒落之趣，兒童橫吹藉草之狀，其一簑一笠，殆將人牛相忘，自非妙造其理有進於技者，難以有此不凡之造詣（註五九）。

邱文播爲五代時之善於畫牛者，初工道釋人物，兼作山水，其後因意趣轉移，遂專志於畫牛，其所畫牛著重於生活動態之描繪，如齕草飲水，臥與奔逸，乳牸放牧，皆曲盡其狀。其弟邱文曉亦喜畫牧牛（註六〇）。

畫牛之藝入宋之後亦產生不少名家，北宋時朱羲與其族人朱瑩首先擅名江南。朱羲畫牛擅於描繪自然景趣與野逸牛性相映發，如作斜陽芳草，牧笛孤吹，村落荒閒之景，而無市朝奔逐之趣。而朱瑩畫牛善於探求牛之眞性，深研物理，故所作牧牛圖，乃有臻妙之譽（註六一）。甄慧本善畫佛像帝釋，然亦兼工畫牛，而留意甚精，至於穿絡眞性，固已失之矣。而鞭繩之所作畜，亦有見於警策者，故其畫意之所在，有進於妙者（註六二）。而祁序，善工畫花竹禽鳥，然兼擅畫牛，人或謂有戴嵩遺風。其所畫牛輒能重視天性與物理之表現，故其所畫牛隻景象乃爲前人所不及者。如戴嵩雖以畫牛爲百代師，然其所畫鬥牛圖，則揭其尾，與實際鬥牛應擫尾者，適爲違悖牛性，而祁序之鬥牛則有奇於前賢之作。另外，祁序曾畫有「倒影牛圖」，此爲祁氏善觀物理之表現。前人作畫牛圖，或着重於牛隻之生活動態，或寄興荒閒幽逸景趣之配飾，而鮮能及於牛性理趣之眞切探研者，而祁序作畫竟能見及前人之所不及見，描繪前人之所未觸及之理趣，應視爲宋人畫牛傑出之佳績。

南宋之善畫牛者，首推李唐。李唐之畫藝廣涉山水人物，兼及於牛，其畫牛雖爲兼習之藝，然却有精擅之實績，故清河書畫舫稱述「李唐尤工畫牛，得戴嵩遺法。」（註六三）李唐畫牛著重於景趣之經營布構，並用心於氣韻之表出，故其畫牛之作品每被視爲神品。吳其貞書畫記卽有一則描述李唐畫牛圖風格之記述：

李唐「風雨歸牛圖」絹畫一幅，一株點葉樹，爲風雨將吹倒于地，有一牛乘順風而奔，氣韻如眞，爲神品（註六四）。

李唐畫牛圖之特點不僅著意於景趣之描繪與氣韻之表出，另有一特點，乃是強調畫面強烈感人之「運動感」。吳其貞氏亦有記述：

李唐「牧牛圖」絹畫一幅，樹下有水牛欲右行，而牧童欲牽左轉，兩下努力相持，使觀者亦自費力（註六五）。

東圖玄覽對李唐之畫蹟亦有強烈運動感之記述：

李唐「春牧圖」，牛欲前行，童子力挽之，勢甚奇。內寫二大樹蒼然（註六六）。

由於李唐之畫牛取資戴嵩遺法，並有不凡之造詣，故一般識鑑不精者，乃誤認李唐之作品爲戴嵩之遺作，然而由此亦可知李唐之畫牛已造古人精藝之妙處，甚或有過之而無不及。清河書畫舫有一則誤李筆爲戴蹟之記事：

尊生齋收「桃林縱牧」小幅，李晞古筆。不知者謂爲戴嵩，殊可笑也（註六七）。

南宋之畫牛名家次於李唐者當數閻次平及其弟次于，圖繪寶鑑記稱閻氏昆仲之畫藝成就謂：

次平、次于皆仲之子，能世其學而過之。畫山水人物，工於畫牛。次平彷彿李唐，而蹟不逮意，次于又次之（註六八）。

雖然夏文彥之圖繪寶鑑認爲閻次平畫牛之藝業「蹟不逮意」，然則亦有其獨到之優點，如其運筆靈秀，氣韻生動，並能善於融會景趣，勾研物情，則非一般畫師所能企及。書畫記與大江草堂集對其獨到之藝能先後均有所稱述：

閻次平「梅林牧牛圖」，一牧童在牛背，張口而歌，氣韻如生，用筆亦秀（註六九）。

陳衍之閻次平「風林放牧圖」跋：

宋時朱羲、祁序與李唐，皆工畫牛，得荒閑野趣。石樹木筆墨絕似李，而坡石皴法又不類，傳云「次平學李唐，工畫牛」，得無是耶？凡鳥獸皆迎風立，畫上樹葉離坡，老牧掩面支策，牛獨舉首，掀鼻當風，其神情融景會趣，蓋善得物情，非徒粉繪也（註七〇）。

綜上以觀，宋朝之畫牛藝能多師法於韓滉與戴嵩而無稍創格，事實上，我國畫牛之技法至韓戴已達登峰造極之境，故後學者雖勤勉創畫，然竟無法凌越前賢之範蹟。在郭若虛之「論古今優劣」文中所稱「若論佛道人物、士女牛馬，則近不及古」。均經逐項旁徵博引史實，重新評估前記繪畫項目，於佛道人物與士女及畫鞍馬均有超越前人至藝之處，而凡此均屬宋畫輝煌偉大之畫藝成就，吾人應加肯定追認，而不再惑於郭氏當時不及遍見後代至藝所下之言論。

附註

一：「畫史叢書」（文史哲出版社，民國六十三年三月初版）第一冊，郭若虛撰「圖畫見聞誌」卷一，頁一四，見「論古今優劣」。

二：同註一叢書，第一冊，鄧椿撰「畫繼」卷九，見頁七〇。

三：同前註書卷頁。

四：同註一叢書，第一冊，張彥遠撰「歷代名畫記」，卷六，頁七七，見陸探微條中。

五：同前註書，卷九，頁一〇五，見僧悰之言論。

六：同註一書卷，頁十一，見「論吳生設色」。

七：「中國畫論類編」（河洛書局出版社，民國六十四年五月臺景印初版），見頁九五—六。

八：同前註書，頁一二七，見明謝肇淛撰「五雜俎論畫」文中。

九：同註四書，卷二，頁二一，見「敍師資傳授南北時代」文中。

一〇：同前註書卷，頁二一—三，見「論顧陸張吳用筆」文中。

一一：按蘭葉描亦稱爲蓴菜條。元湯垕之畫鑒論吳道子，云：「早年行筆差細，中年行筆，磊落揮灑，如蓴菜條。」

一二：同註四書，卷一，頁一五—六，見「論畫六法」文中。

一三：同註七書，頁五六三—四，見清丁皋撰「寫眞秘訣」中之「衣冠補景論」。

一四：清聖祖敕撰「佩文齋書畫譜」（新興書局，民國五十八年九月新一版），第二冊，頁一〇七七，見高元亨條。

一五：同前註書，頁一〇八二，見葉仁遇條。

一六：同註一書，卷三，頁四六，見陳坦條。
一七：同前註書卷頁，見田景條。
一八：同註二書，卷六，頁五七，見劉宗道條。
一九：同註一叢書，第三冊，厲鶚撰「南宋院畫錄」卷二，頁三二，見「章允恭蘇漢臣浴嬰圖跋」：漢臣制作極工，其寫嬰兒，著色鮮潤，體度如生，熟玩之不啻相與言笑者，可謂神矣。
二〇：同前註書，卷二，頁二九，見平顯題李迪畫條中。
二一：同前註書，頁七，見厲鶚序文。
二二：同前註書，頁二，見章廷彥序文。
二三：同註四書，卷五，頁七五，見戴顒條中。
二四：同註一叢書，第一冊，「宣和畫譜」卷七，頁七四，見文臣李公麟條。
二五．：同前註。
二六：同註一叢書，第二冊，夏文彥撰「圖繪寶鑑」卷四，頁一〇四，見梁楷條。
二七：同註一九書，卷五，見一一二頁。
二八：同註四書，卷一〇，頁一二三，見戴重席條。該條中記謂：戴重席，工子女，極精細。
二九：同註四書，卷六，頁八一，見袁倩條。
三〇：同前註書，卷七，頁八七，見劉瑱條。
三一：同前註書卷，頁九二，見袁昂條中，僧悰云：稟則鄭公，無所失墜，綺羅一絕，超彼常倫。

三二：同註一書卷，頁一一，見「論婦女形相」。
三三：同註四書，卷一〇，頁一二三，見周昉條。
三四：同註二書，卷一〇，見頁七七。
三五：同註一九書，卷二，頁三一，見蘇漢臣條。
三六：同前註書，卷八，頁一六三，見馬麟「戲蝶長春、美人撲蝶圖合卷」之朱瑾題詩。
三七：同前註書，卷五，頁一一六，見凌雲翰題陳居中「女獵圖」詩。
三八：福開森編「歷代著錄畫目」（台灣中華書局，民國五十七年十一月臺一版），上冊，頁一一七起，參見李公麟全部畫跡。
三九：同註四書，卷九，頁一一五，見曹霸條。
四〇：「詩詞欣賞」（新陸書局，民國五十三年四月再版），見頁四〇。
四一：同註二六書，卷二，頁二二，見曹霸條。
四二：同註四書，卷九，頁一一五—六，見韓幹條。
四三：同註七書，頁一〇一六，見杜甫撰「畫馬贊」。
四四：同註二六書，卷二，頁二二，見韓幹條。
四五：同註四書，卷九，頁一一五，見韓幹條中。
四六：同註一書，卷二，頁一九，見胡瓌條。
四七：同前註書卷，頁二一，見東丹王契丹條。

四八：同註一書，卷三，頁四〇，見趙光輔條。
四九：同註一四書，頁一〇六七—八，見趙光輔條。
五〇：同前註書，頁一〇八九，見李廌畫品對李公麟之評述。
五一：同註二書，卷三，頁一三，見龍眠居士李公麟條中。
五二：同註二四書，卷七，頁七五，見李公麟條中。
五三：同前註。
五四：同註七書，頁一〇三〇，見羅大經撰「鶴林玉露論畫」文中。
五五：同前註書，頁一〇八五，見李日華撰「論畫牛馬」文中。
五六：同前註。
五七：同註二四書，卷一三，頁一五一，見戴嵩條。
五八：同註七書，頁一〇二五，見蘇軾撰「書戴嵩畫牛」。
五九：同註二四書，卷一三，頁一五三，見張符條。
六〇：同前註書，卷六，頁六五，見邱文播撰。
六一：同前註書，卷一四，頁一五八—九，見朱瑩條。
六二：同前註書卷頁，見甄慧條。
六三：同註一九書，卷二，見頁八。
六四：同前註書卷，見頁一〇。

六五：同前註。

六六：同前註書卷，見頁一三。

六七：同前註書卷，見頁九。

六八：同前註書，卷四，見頁六七。

六九：同前註書卷，見頁六八。

七〇：同前註，見「大江草堂集」之陳衍閣次平「風林放牧圖跋」。

第五章　院外繪畫成就之探研

我國宋代之繪畫藝術，就其質與量之發展而言，均達於最盛著之境，故世人乃公認宋代爲我國繪畫之黃金時代。其因素固然不只一端，然其中可具體而言之最重要因素，則爲宋代繪畫人材之芸盛衆多，就精擅畫藝者之身分地位而言，有帝王貴戚，有軒冕士夫，有縉紳名流，有布衣寒士，有道人衲子，有世冑命婦，有職業畫家等等。而就藝壇之集團而言之，則勉強可分爲兩大集團，其一爲由軒冕士夫、縉紳韋布與僧道隱士等社會大衆之嗜喜畫藝者滙合而成之非專業畫家；另一則爲單純之職業畫家。而因宋代之職業畫家除極少數自己經營畫藝以謀生者之外，其餘大都納入於朝廷專設之圖畫院，在此爲述說方便起見，遂把非專門性之社會大衆畫家稱之爲院外畫家，以別於畫院之專業畫師。而宋代繪畫藝術之臻盛則由院外畫家與畫院畫師所共同致力締創之結果。爲瞭解宋代院外與畫院畫家之創藝成就與貢獻，茲就兩者分章擧要述說之。而爲述說方便計，首先闡述院外畫家之創藝成就與貢獻，並依花鳥、墨竹、蔬果草蟲、道釋人物及山水等畫科分類列述之。

一、花鳥

花鳥畫科在北宋初期卽呈現出甚爲蓬勃活躍之景象，其原因乃是五代末期之南唐與西蜀兩地之花鳥名畫家徐熙與黃筌兩大畫派，相互以不同之體格，興起熱烈競爭而延及於宋初畫壇之結果。至於北宋初期之花鳥畫形成徐黃頡頏對抗之格趣，郭若虛於其圖畫見聞誌中闡論「徐黃二體」甚詳。謂：

諺云「黃家富貴」，「徐熙野逸」。不唯各言其志，蓋亦耳目所習，得之於心，而應之於手也。何以明其然？黃筌與其子居宷，始並事蜀爲待詔，筌後累遷如京副使，旣歸朝，筌領眞命爲宮贊。居宷復以待詔錄之，皆給事禁中，多寫禁籞所有珍禽瑞鳥，奇花怪石。今傳世桃花鷹鶻，純白雉兎，金盆鵓鴿，孔雀龜鶴之類是也。又翎毛骨氣尙豐滿，而天水分色。徐熙江南處士，志節高邁，放達不羈，多狀江湖所有汀花野竹，水鳥淵魚。今傳世鳧雁鷺鷥、蒲藻蝦魚，叢豔折枝，園蔬藥苗之類是也。又翎毛形骨貴輕秀，而天水通色。二者猶春蘭秋菊，各擅重名，下筆成珍，揮毫可範。（下略）（註一）

由前一段文獻中，吾人可明顯探究出徐黃兩派之不同風格，黃家作圖精研勾勒，講究筆法，故特重骨法，並且設色穠艷巧麗，體製精謹工巧，所以具有「富貴氣」。而徐派描繪則藉墨色而蘊傳神氣，傳色雅淡，以呈瀟灑野逸之質，故其氣格前就，態度彌茂，冥契造化自然之功，故兩派之成就有如春蘭秋菊之各擅勝場。

黃筌與徐熙雖均未能及身入宋畫院服職，然因黃家「富貴」體格較適宜宮廷觀瞻之體製，故乃被欽定爲畫院競藝之程式；而具「野逸」格趣之徐派則挾藝自重，而鳴高於野。此後宋代畫院與院外之花鳥畫乃深受此兩家風範之影響。單就院外之花鳥畫發展情勢而論，濟濟多士之表現技法或直承徐熙之衣缽，或私淑其餘澤，而陰法徐家精藝之要妙而自創新風規者，另有師法造化，不師古人，而專以寫生稱譽於時者。

院外花鳥畫家之直承徐熙之衣缽者有熙之孫，徐崇嗣、崇矩、崇勳三人。崇嗣之畫藝長於草木禽魚，綽有祖風。並能自拓畫境，描繪前人未及措意之題材，如蠶繭之屬，及墜地之果實，皆前代未曾習作，而崇嗣輒喜描寫，爲我國國畫題材之創作增添一嶄新之款目。崇矩、崇勳與崇嗣爲季孟之親誼，畫藝均能克紹祖風。熙畫花竹禽鳥蟬蝶蔬果之類，極奪造化之妙，一時從其學者，莫能窺其藩也。崇矩兄弟，遂能不墜所學，作士女益工，曲眉豐臉，蓋爲寫花蝶之餘思。

與徐熙同里籍之艾宣，善畫花竹禽鳥。其畫藝之妙處，在於傅色之技法，暈淡有生意，捫之不襯人指，其孤標雅致，迥非一般庸史所能措意。而其喜作敗草荒榛，野色淒涼之趣，應淵承徐熙喜狀江湖寂寥景致之餘緒。

在北宋畫藝世家中，除徐、黃兩家素著聲譽之外，唐家之藝能亦另闢園地，佳譽著於畫史。唐家畫藝之宗祖爲南唐李煜朝之名家唐希雅，其畫藝妙于畫竹，亦精工翎毛。學江南李後主金錯刀書，有一筆三過之法，雖若甚瘦，而風神有餘。其後以書法之意趣變而爲畫，故顫掣三過處，書法存焉。其作圖嗜喜描繪棘欑荒曠之趣，而氣韻之蕭疏，則非畫家繩墨所拘。徐鉉謂其「羽毛雖未至，而精神過之」。（註二）希雅之藝能傳於其二孫，宿及忠祚，皆善畫羽毛花竹、墨作棘針，雖易元吉不能及之（註三）。忠祚於作畫尤擅於探究物象之性理，故不特描寫其形，尤能曲盡物性，花則美而艷，竹則野而閒，禽鳥羽毛，精迅超逸，殆亦技進乎妙者（註四）。

宋代花鳥畫多有躋近造化，巧奪天工之非凡成就，究其原因乃是畫家多能以自然爲師，重視物象之眞實生態，從而掌握對象之外在形貌姿色與內在生意精神之配合，因之，畫家作畫非賴臨摹畫稿爲得，而是從實物生態之寫生而來。宋代諸多畫家均能體悟寫生對構布畫境及催生情趣意蘊之重要，乃相率以寫生爲法，因之，寫生遂成爲趙宋花鳥盛行之風氣。以寫生馳譽之好手甚衆，茲就院外之寫生名家擧其要者臚述之。

趙昌，字昌之，廣漢人。善畫花果，名重一時。初師滕昌祐，後過其藝，作折枝有生意，傅色尤造其妙，兼工於草蟲。蓋其所作，不特取其形似，直與花傳神也（註五）。趙昌畫藝之能與花傳神，乃是依憑勤奮之寫生工夫而來，江少虞皇朝事實類苑記有趙昌之寫生情態，謂每晨朝露下時，遶闌檻諦玩，手中調彩色寫之，自號寫生趙昌（註六），而因其勤於寫生，故其花卉逼眞，時未有其比。

趙昌寫生之技法傳予王友，王友作畫爲強調花卉艷麗之色彩，故略棄筆墨之形跡，而專重傅彩。聖朝名畫評謂王友師趙昌畫花，不由筆墨，專尚設色，得其芳艷，豪貴得友之筆，往往目爲趙昌（註七），由此可見王友畫藝之高。其時有譚宏者，亦善工花果，慕友之精藝，以至肩隨候教，亦有聲名。

另有寫生名家劉常，其畫藝成就極爲米芾所推譽，謂其花氣格清秀有生意，固在趙昌王友上（註八）。劉常畫藝之所以會有如此高妙之氣格，亦是由專志於寫生而得。宣和畫譜記劉常之寫生動態，謂其畫花木名重江左，家治園圃，手植花竹，日遊息其間，每得意輒索紙落筆，遂與造物爲友，染色不以丹鉛襯傅，調匀深淺，一染而就（註九）。

易元吉亦爲北宋極負盛名之大畫家，初以工花鳥專門，及見趙昌寫生至藝，歎服之，乃改攻猿猴鹿豕之屬，而留名千古。然於寫繪其專科之餘，猶不忘花鳥舊習，嘗於長沙之居所開圃鑿池，間以亂石叢篁，梅菊葭葦，並多馴養水禽山獸，以伺其動靜游息之態，以資於畫筆之思致，故寫動植之狀，無出其右者，因其作畫皆出於寫生，故其畫藝可並前代大家。米芾稱譽易元吉爲「徐熙後一人而已」，其花鳥之作，善草木葉心，翎毛如唐徐，後無人繼（註一〇）。

宋代花鳥畫除盛行寫生風氣之外，另外非專門畫家之內臣文士因其平日涵泳於文翰詩詞之中，故輒以詩意入畫，形成另一種清新淡雅之境界，爲國畫之內蘊添增一婉約美妙之氛圍。

內臣樂士宣，早年放浪，不束於繩檢；中年覺行年所過爲非，遂一意於詩書之習。方其未知書，則喜玩丹青，而能自造疎淡之趣，畫花鳥尤得生意。於畫藝初獨愛金陵艾宣之體格，其後感悟前人亦有臻善處，乃自出胸臆，捨其故步，筆法遂凌轢於前輩，而有出藍之譽。晚年尤工水墨，縑綃數幅，唯作水蓼三五枝，灘鸂一雙，浮沉於滄浪之間，殆與杜甫詩意相參，士大夫見之，莫不賞詠（註一一）。

另有內臣李正臣者，其丹青之習，不以巧艷浮美爲得，而以淡雅之文思寫繪荒率之景趣。宣和畫譜謂其寫花竹禽鳥，頗有生意，至於翔集群喈，各盡其態。時作叢棘疎梅，有水邊籬落幽絕之趣。不作粗俗桃李，雕欄曲檻，以爲浮艷之勝，亦見其胸次所致思也（註一二）。

趙宋尙文治，重文藝，一般內臣士夫固多擅長於丹青之習，卽連武臣亦兼習畫藝，而其誠篤於繪畫之精神，非一般附庸風雅者可比。或因武臣有強富之魄力，再加以特有之藝術見解，遂呈現出軒冕士夫及職業畫家所未有之豪壯創格。以武臣身分而擅長花鳥者有劉永年，字公錫，章獻明肅皇后之姪孫，官至崇信軍節度使。其非凡之勇毅資秉，自幼卽受仁宗之讚許。及長則以勇力兼人聞名。永年雖具雄豪邁往之氣，然亦能從事翰墨丹青之學，濡毫揮灑，蓋皆出於人意之表。作鳥獸蟲魚尤工，又至所畫道釋人物，得貫休之奇逸，而用筆非畫家纖毫細管，遇得意處，雖堊帚可用，此畫史所不能及也（註一三）。

另有武臣吳元瑜，字公器，京師人。初爲吳王府直省官，換右班殿直。其後因勳勞而昇遷，官至武功大夫、合州團練使。元瑜雖武職終身，然以丹青爲懷，其畫習師崔白，能變世俗之氣所謂院體者，而素爲院體之人，亦因元瑜革去故態，稍稍放筆墨以出胸臆，畫手之盛，追蹤前輩，蓋元瑜之力也。故其畫特出衆工之上，自成一家（註一四）。元瑜之畫藝，描法纖細，傅染鮮潤，大變唐、五代、宋國初之法（註一五），爲我國畫藝之演進樹立新風規。其所作繪之花鳥畫題材多美艷花葩及珍秀之鳴禽類。

又有武臣郭元方及李延之。兩者之畫藝雖不若劉永年及吳元瑜之勇於突破前人作畫之藩籬，而具有輝煌之創格，然其追究對象之生態而有生動之作品，亦屬難能可貴。圖繪寶鑑對郭、李二氏之記述謂「郭元方，字子正，開封人。善畫草蟲，信手寓興，俱有生態。官至內殿承制。李延之，善畫蟲魚草木禽獸，寫生尤工。官武左班殿直」（一六）。

一般而論，花鳥畫之繪畫者多爲溫文才子、風雅畫士以及宮廷職業畫家居多，至於僧道人物則因生性淡寂，故於畫藝之作輒重素澹而輕華麗，花鳥畫因尙華美彩飾，故僧道之流絕少資筆，然宋代亦有少數道士衲子擅長斯藝者。道士牛戩，字受禧，河內人。工畫羽毛，多信筆寫寒鵲野雉鳩子，佳甚。又有建陽僧惠崇，工畫鵝雁鷺鷥，尤工小景，善爲寒汀遠渚，瀟灑虛曠之象，人所難到也。另有寶覺大師者，其所畫翎羽蘆雁，甚不俗。而杭僧眞慧，其翎毛墨竹，有江南氣象。縱觀僧道之流，雖偶亦涉筆於翎毛禽鳥之作，然其所表現之境界則多屬冷寂荒寒之景，與一般世俗畫家所描繪之巧艷華美之體格迥然異趣。

趙宋帝王中多有精擅丹靑畫藝者，而其中尤以徽宗爲後人推譽至藝，後世或有以藝爲尊，而稱其爲繪畫皇帝者。徽宗皇帝天縱將聖，藝極於神，於畫無所不繪，亦無所不精，畫繼記述其畫藝成就謂：「聖鑑周悉，筆墨天成，妙體衆形，兼備六法。獨於翎毛尤爲注意，多以生漆點睛，隱然豆許，高出紙素，幾欲活動，衆史莫能也。」爲使後世具體明白徽宗圖繪禽鳥之絕藝，畫繼又繼續紹述其精妙之畫蹟。謂：「政和初，嘗寫仙禽之形凡二十，題曰「筠莊縱鶴圖」，或戲上林，或飮太液，翔鳳躍龍之形，警露舞風之態，引吭唳天，以極其思，刷羽清泉，以致其潔，並立而不爭，獨行而不倚，閒暇之格，清迥之姿，寓於縑素之上，各極其妙，而莫有同者焉。」（註一七）徽宗於禽鳥之作能有各盡其態，各極其妙之表現，乃是因其平日作畫均能出於嚴謹專精之態度，對對象作貼切精詳之觀察，從而掌握對象豐盈靈動之生命韻律，而作契合造化之追範，故其花鳥之作無不栩栩欲活，奕奕如生。而宋代精妙之花鳥畫至徽宗可謂臻達登峯造極之境。

二、墨竹

考諸畫史，宋代諸多文學兼擅畫藝之士，多能寫繪墨竹，並以寫竹相互標榜，因而蔚成篔簹其昌之風氣。以竹作爲國畫之題材發軔甚早，至於墨竹之創始，歷來諸說紛紜，有追述爲唐明皇者。而劉道醇之聖朝名畫評則記爲元靄、唐希雅等人。黃山谷則認爲墨竹之作乃始於吳道子。云「墨竹起於近代，不知其所師承；初吳道子墨竹，不加丹青，已極形似，意墨竹之師，近出於此。」吳生作畫，恒喜縱墨爲之，而其精擅之題材固爲人物與山水，其他畫科亦多少有所資筆，竹石向爲國人所喜愛之物，想吳生當亦與繪之，故墨竹始軔於吳道玄亦有相當可信之處。

五代時以竹爲繪畫之題材者比比皆是，據諸家著錄所誌，有程凝「折竹孤鶴圖」、施璘「生竹圖」、劉彥齊「孟宗泣竹圖」、王道古「四時雀竹圖」、徐熙「雪竹圖」、黃筌「翠竹圖」、「桃竹湖石圖」、黃居寶「竹鶴圖」、鐘隱「竹兎圖」、滕昌祐「叢竹百合圖」、「竹枝牽牛圖」、唐希雅「梅竹五禽圖」、「風竹圖」等，其中或作人物之配景，或爲禽鳥之襯景，或單純以竹爲圖，由此足見當時畫竹風氣之盛。

宋承五代喜愛畫竹風氣之後，趙宋濟濟多士，輒以風雅之襟度相尚，以清高之氣節爲重，故常借題引喻其超群絕世之風範，而竹性具「群居不倚，獨立不懼」之德，其清高玉立，琅玕尋丈之勁節，與乎虛心之物性，恒爲文士用以標榜性格，故宋代凡有翰墨修養者，其他畫科或略無所顧，然對「架雪凌霜，如有特操，虛心高節，如有美德」（註一八）之墨竹題材，則相率資筆攻習，甚至結成志同道合之派別。因墨竹在宋朝如此臻盛，遂成爲獨立之畫科，而此一畫科之意旨不祗表現對象瀟灑清逸之秀色，並且表徵超拔不俗之高尙人格，爲我國國畫中具有特殊意義之畫科。因趙宋之文藝界擅長寫繪墨竹之人士頗夥，無法一一述及，故僅能列擧最具代表性之畫家闡述於後。

宋代墨竹最爲聞名之專家當推文同，文同字與可，梓潼永泰人。其所畫墨竹最能把握竹性之自然生態，並善於研創新風格，以墨深爲面，淡爲背，自與可始（註一九）。文同畫竹因能善於把握竹性之自然生態，窮研竹之理趣，故畫竹之前已然成竹在胸，而於作畫之際，乃能靈思盈溢，「見其所欲畫者，急起從之，振筆直遂，以追其所見，如兔起鶻落，少縱則逝」。（註二〇）文同墨竹之能臻於古人所未到之妙處，除日夕勤於觀察竹性生理，並加以奮志寫繪之外，其天資穎異，胸中有渭川千畝，氣壓十萬丈夫之蓄養工夫尤爲重要。因其內蘊深厚，故其作品乃能富蕭灑之姿，逼檀欒之秀，並達於疑風可動，不笴而成之化境。

文同墨竹如此精善，一時聲名鵲起，而因其於元豐初年曾被朝廷任命爲湖州太守，雖死於赴任途中，世人仍追思其爲文湖州。因其墨竹畫藝爲多士所推服，師其遺法者衆多，即連文才盛名播於全國之蘇東坡亦師習文法，自謂與文拈一瓣香。文同墨竹由於師法者夥，故無形中自然成爲湖州派，而爲後世習畫墨竹之遙宗。

閻士安，陳國宛邱人。於畫藝喜作墨戲，對荆檟枳棘，荒崖斷岸等荒曠之景致，皆有精妙之作。而對寫竹尤爲專長，其畫竹善於與四時之不同天候相配應，故所作風偃雨霽、煙薄景曛，霜枝雪幹，亭亭苒苒，可謂曲盡竹之生態。其時有中書令謚武恭王德用者雅好收鑒花竹之畫，士安乃作「墨竹圖」獻之，德用一見，歎美不已，遂以爲篋中之冠，奏補國子門助教，後之學者，往往取以爲楷模（註二一）。

蘇軾，資秉嶷異，文才出衆，藝能不群，黃山谷稱其所作枯槎、壽木、叢篠、斷山，筆力跌宕於風煙無人之境（註二二）。米芾亦稱述子瞻所作枯木枝幹虯屈無端倪，石皴硬，亦怪怪奇奇，如其胸中蟠鬱。而因東坡居士志節高邁，平日對虛心高節以喻君子高風亮節之竹卽喜愛異常，嘗言「寧可三月無肉，不可一日無竹」及「無肉令人瘦，無竹令人俗」之語，足見其對竹懷有無比深厚之偏愛。蘇軾不僅對竹懷有極端之偏愛，尤爲可貴者，其對竹之自然生態與畫藝之理趣，提示後人極爲珍貴之見解，此在其「文與可畫篔簹谷偃竹記」文中可發現之。

竹之始生，一寸之萌耳。而節葉具焉。自蜩蝮蛇蚹，以至於劍拔十尋者，生而有之也。今畫者乃節節而爲之，葉葉而累之，豈復有竹乎？故畫竹必先得成竹於胸中，執筆熟視，乃見其所欲畫者，急起從之，振筆直遂，以追其所見，如兎起鶻落，少縱則逝矣。」（註二三）

蘇軾之以究幾於竹之生態而並言畫理，倡言「成竹於胸」，此不止於論畫，實則進證道心矣。蘇軾對於墨竹之寫繪一如其宏論之驚警超俗，米芾畫史對蘇軾寫繪墨竹之奇逸風範曾有特別精要之記述。云：

子瞻作墨竹從地一直起至頂。余問何不逐節分？曰：「竹生時何嘗節生」。運思清拔出於文同與可，自謂與文拈一瓣香，以墨深爲面，淡爲背，自與可始也，作成林竹甚精。」（註二四）論者對蘇軾作墨竹「從地一直起至頂而不逐節分」之畫法或有微詞，謂其只圖心意之快，而忽視竹性分節之機趣，戲筆偶一爲之則可，而不能持以爲定法。然則，其運思之清拔則爲可譽之處。東坡居士因其人品既高，而畫藝亦清奇超俗，故其風範輒爲後人所矜式，趙大年敬慕其畫竹而學之，山谷集謂：「大年學東坡先生作小小叢竹殊有思致。」（註二五）其他師法蘇軾之竹法者，因名氣不彰，故不多述。

墨竹之寫繪，向來作者多以表現蕭爽秀逸之姿質爲得，並以文湖州之法旨爲宗，然宋代墨竹畫家輩出，間亦有自出機杼，另創格調者。如李昭卽爲一突出之顯例。李昭，字晉傑，鄄城人。善墨花，小筆亦能，其山水學范寬，尤長於墨竹，其墨竹之作以重密之筆法繪之，意欲抗衡當時以蕭疏爲能之風氣，而與文同爭鋒，嘗自云：

他人以蕭疏爲能，余以重密爲巧，吾之墨竹一派，不讓湖州（註二六）。

其自矜如此，其畫藝當有不凡之造詣。惜爲其所倡之重密體格，後人並不推重。

江南人劉夢松者，精善水墨花鳥。亦善寫竹，其紆竹之作特爲精妙，蓋竹本以直爲上，其修篁高勁，架雪凌霜之資性爲文士藝人所樂於取範，至於紆曲變態之形，雖亦足可觀，然作者殊鮮，夢竹紆竹之作可謂別懷心意。

文臣李時雍，時敏昆仲皆以書畫名冠一時，而因其善書，故轉而爲墨竹之作，畫法特具姿韻。時雍之墨竹尤爲秀出，遂將與文同並馳（註二七）。

親王端獻魏王頵婦魏越國夫人王氏善以淡墨寫竹，而精於爲竹寫態，其所作整整斜斜，曲盡竹態，見者疑其影落縑素之間，其畫藝不凡可知（註二八）。

皇族宗室之間善畫竹者頗不乏人，如英宗第四子，端獻王頵，以墨寫竹，其茂梢勁節，吟風瀉露，拂雲篩月之態，無不曲盡其妙（註二九）。宗室令穰（即大年），藝祖五世孫。亦善畫竹，其墨竹之作師法東坡，然不專意於寫竹，凡所畫竹多與禽鳥相伴筆，其名作除單純寫竹之「風竹圖」外，則有「墨竹雙鵲圖」與「柘竹雙禽圖」等。而宗室令庇，則專擅寫繪墨竹，凡其所作多瀟灑可愛。宣和畫譜爲勖勉其墨竹之進於秀逸不群，同時闡述一般庸手與士人畫竹之不同理趣，因屬要言微旨，故特錄之。

> 世之畫竹者甚多，難得疎秀不求形似，盡娟娟奇態者，故橫斜曲直，各分向背，淺深露白，以資奇特，或作蟠屈露根，風折雨壓，雖援毫弄巧，往往太拘，所以格俗氣弱，不到自然妙處。唯士人則不然，未必能工所謂形似，但命意布致灑落，疏枝秀葉，初不在多，下筆縱橫，更無凝滯，竹之佳思，筆簡而意已足矣。俗畫務爲奇巧，而意終不到，愈精愈繁；奇畫者務爲疎放，而意嘗有餘，愈略愈精，此正相背馳耳。令庇當以文同爲歸，庶不入於俗格（註三〇）。

三、蔬果草蟲

宋代繪畫藝術之所以臻盛，並見重於世人，除重要之畫科有輝煌之成就外，其他次要畫科亦有不凡之佳蹟範世。總之，宋代畫家因專志於畫藝之營創，故凡適於入畫之事象物類均為其資筆之對象，壯麗珍奇者，固為丹青之所資，而藐細近俗之物，亦不稍蔑視而一概寫繪之。即如蔬果之俗，草蟲之微，古代畫家絕少涉筆，然趙宋之畫家輒能寓興及之，並有生動之表現，於是，宣和畫譜乃特闢一門，並特立序言。謂：

> 抱甕灌畦，請學為圃，養生之道，同於日用飯食，而秀實美味，可羞之於籩豆，荐之於神明，故以蔬果終之」。（註三一）

蔬果本門之敍論則有精闢之畫論闡述，謂：

> 蔬果於寫生最為難工，論者以謂「效外之蔬，而易工於水濱之蔬，而水濱之蔬，又易工於園畦之蔬也」。蓋墜地之果而易工於折枝之果，而折枝之果又易工於林間之果也，今以是求畫者之工拙，信乎其知言也。況乎蘋蘩之可羞，含桃之可荐，然者丹青者豈徒事朱鉛而取玩哉。（註三二）

觀乎敍論所言，可知蔬果之繪作，於丹青美術之雅趣之外，猶含有教化之作用，而就譜中所錄之內容以觀，則多含草蟲之作，此或為宋理學家所抱持之「萬物靜觀皆自得」之素養所感染，而納此纖微之細物於畫稿之中，而使宋畫之內涵益形充實，以至於無物不備，無美不臻之境界。茲就趙宋藝壇之擅作蔬果草蟲之院外名家作概要之介述。

徐崇嗣，其藝能雅承乃祖徐熙之衣鉢，長於草木禽魚。並能自出創意，對蔬果作多樣生動之寫生，其佳作有「寫生桃圖」、「繁杏折枝圖」、「折枝雜果圖」、「折枝木瓜圖」、「藥苗茄菜圖」、「木瓜圖」、「蜂蝶茄菜圖」、「蟬蝶茄菜圖」、「茄菜草蟲圖」、「寫生木瓜圖」、「寫生茄菜圖」、「寫生菜圖」、「寫生果實圖」等。崇嗣除對完好美麗之對象寫生之外，並能別出匠心，作墜地果實，此雖微末之技，而實蘊創拓畫境之風（註三三）。

武臣郭元方，字子正，京師人。善畫草蟲，信乎寓興，俱有生態，盡得環飛鳴躍之狀，當時頗爲士大夫所喜。傳世有「草蟲圖」三（註三四）。

另有武臣李延之，善畫蟲魚草木，得詩人之風韻。寫生尤工，不墮近時畫史之習，狀於飛走，必取其儷，亦以賦物各遂其性之意。其有關本門之傳世作品有「寫生草蟲圖」十、「雙蟹圖」一、「嚶嚶圖」一（註三五）。

僧居寧，毗陵人。喜飲酒，酒酣則好爲戲墨作草蟲，筆力勁峻，不專于形似，每自題云：「居寧醉筆」。梅堯臣一見賞詠其超絕，因贈以詩，其略云：「草根有纖意，醉墨得已熟。」於是居寧之名籍甚，好事者得之，遂爲珍玩耳。傳世作品有「草蟲圖」一（註三六）。

僧法常，號牧溪，其畫藝廣涉雜出，龍虎猿鶴，蘆雁山水，樹石人物，無所不畫，皆隨筆點墨而成，意思簡當，不費妝飾（註三七）。隨興會之所至，亦以水墨寫繪蔬果及花卉，因其畫技老到，所圖繪之對象，無不形簡意具，妙趣滋生，非一般徒藉丹青朱鉛之庸工俗手所能比肩。圖繪寶鑑謂其作品「但粗惡無古法，誠非雅玩。」實非知畫之言，蓋牧溪畫藝之不依循古法，即表明其有創格，而有創格之畫、如無秀異之技法以表現對象之神韻，亦不足以稱述之。然觀牧溪水墨蔬果之作品，善於把握物象之特點，而作精當之寫畫，就以筆法觀之，精整而不滯刻，就其墨色而言，濃淡互濟，深淺層分，視之令人有莊嚴五色之感。總之，觀牧溪所作之圖象，予人以一種極爲簡明生動之象徵美感，乃爲牧溪從傳統國畫中鎚鍊而得之精粹，並參酌己意而創獲之新型意象，吾人應對其難得之可貴畫格特爲珍視。蔬果畫至牧溪可謂臻達一嶄新之美妙境界。

四、道釋人物

宣和畫譜爲隆重其記事，都麗篇幅，故道釋與人物畫各立畫門分別敍述。然本文爲綜述宋代院外畫家之畫藝成就，故合道釋與人物畫爲一門而作概要之述說。

我國道釋人物畫發展甚早，而從事於道釋人物之繪製大都屬於職業畫家之流，間或亦有僧道懷信仰仙佛之恩德而圖繪，亦有軒冕士夫爲禮敬前賢而恭繪者，亦有文士布衣爲寄託其情，隨興之所至而寫繪高賢以自款，或圖寫風雅之仕女圖像以遣情，故我國道釋人物畫自古以來卽有豐美華嚴之佳績，尤其隋、唐、五代之間之道釋人物畫更因諸多畫家之專志創營，畫法於焉粲然大備，繪畫內容亦呈臻盛之大觀。宋承其後，於畫法與繪畫內容方面雖有難以再作新猷之慨，然其中傑出之畫家亦有不甘屈囿於前人既成之規範，而作苦心孤詣之奮鬥，故在艱困之局面下，仍有可敬之佳績表現。爲用表院外畫家之績效，故再闢章申述之。

王瓘在宋劉道醇聖朝名畫評之人物門中，爲唯一被列爲神品上之一人，評曰：

本朝以丹青名者不可勝計，唯瓘爲第一。何哉？觀其意思縱橫，往來不滯，廢古人之短，戈後世之長，不拘一守，奮筆皆妙，誠所謂前無吳生矣，故列神品上。」（註三八）

王瓘之能在藝能上獲此至譽，其實乃是得自早年於北邙山老子廟觀摩勤習吳生畫壁而來，然王瓘之成功處，不僅在於師承前人之遺法爲已足，又能變通不滯，廢古人之短，酌添新意，而成一己之精藝。考諸畫史，幾凡北宋之人物畫家無不霑溉吳生畫藝之遺習，然多株守成法，不知變通者，唯瓘能食古而化，故宜乎其得至譽。

畫藝專習吳生，而名畫評列置於神品中之孫夢卿，因其過度「拘於模範，雖得吳法，往往襲其所短，不能發新意」（註三九），如吳生畫天女及樹石有未到處，瓘能變法取工，夢卿只徒有「脫壁」之能，亦步亦趨，不敢稍變吳生舊習，深足遺憾。然其勤於「傳移吳本，大得妙處，至數丈人物，本施寬濶者，縮移狹隘，則不過數寸，悉不失其形似，如以鑑取物，見大小遠近耳，覽者神之（註四〇），以此可見其畫藝亦有精絕不凡之處。

孫知微，字太古，眉陽人。天機穎悟，善畫，初非學而能，喜畫道釋，用筆放逸，不蹈襲前人筆墨畦畛（註四一）。李廌稱譽知微「有尊行，寓意於畫，隱者也。筆墨神妙，度越衆人。」

侯翌，字子冲，安定人。學吳道玄作道釋，端拱雍熙之際，聲名籍甚。名畫評稱其「墨路謹細，筆力剛健，富於氣燄。」（註四二）宣和畫譜謂其「落墨清駛，行筆勁峻，峭拔而秀，絢麗而雅，亦畫家之絕藝也。」（註四三）

長沙武洞清，工畫人物，最長於天神道釋等像，布置落墨，廣狹大小，橫斜曲直，莫不合度；而坐作進退，向背俛仰，皆有思致，尤得人物名分尊嚴之體，獲譽於一時（註四四）。

文臣武宗元，字總之，河南白波人。宗元於畫藝長於道釋，筆法備曹吳之妙。祥符初營玉清昭應宮，召募天下名流圖殿廡壁，衆逾三千，幸有中選者，才百許人，時宗元爲之冠，故名譽益重，輩流莫不斂衽（註四五）。

王拙，字守拙，河東人。大中祥符初，營玉清昭應宮，募天下畫流，拙爲右部第一人，與宗元爲對，時人多許之，乃畫本宮五百靈官衆天女朝元等壁（註四六）。

道士李得柔，字勝之，本河東晉人，後徙居西洛。工於寫貌，落筆有生意，寫神仙故實嵩岳寺唐吳道玄畫壁內四眞人像，其眉目風矩，見之使人遂欲仙去，設色非畫工比。所施朱鉛，多以土石爲之，故世俗之所不能知也（註四七）。

龍眠居士李公麟，資性俊敏，善丹青，多藝能，當時士夫謂其鞍馬愈於韓幹，佛像追吳道玄，山水似李思訓，人物似韓滉，於此足見其繪畫藝術之博通精絕。而就其佛像人物畫而言，每務出奇立異，使世俗驚惑而不失其勝絕處。嘗作「長帶觀音」，其紳甚長，過一身有半。又爲呂吉甫作「石上臥觀音」，蓋前此所未見者，又畫「自在觀音」，跏趺合爪，而具自在之相，曰：「世以破坐爲自在，自在在心，不在相也。」平時所畫不作對，多以澄心堂紙爲之，不用縑素，不施丹粉，其所以超乎一世之上者此也。郭若虛謂：「吳道子畫，古今一人而已」，以予觀之，伯時既出，道子詎容獨步了！（註四八）

我國道釋人物畫自唐以來，多以吳道子爲榜樣，而少有踰越其規範者。其間或有秀異傑出之畫家，亦多以吳生之範式爲資習，然後逐漸捨「吳家樣」之陳法而另出新意。至宋之李公麟出，對佛像人物繪製之觀念遂幡然大變，不僅圖像設構盡脫陳蹟而呈現粲然新觀，尤爲可貴者，竟以簡素淡雅之白描畫格直取圖像之精意，爲我國人物畫建立一高雅雋永之新境界。

靳東發，字茂遠，其性多能，尤工畫藝，人目之爲靳百會。其生世之畫手，少作故事人物，頗失古人規鑒之意，茂遠獨集古今諫諍百事以爲圖，號「百諫圖」（註四九）。

北宋中期以前之畫家，多有繪製古代故事衣冠者，其後因時會變遷，斯制逐漸式微，此一現象至靳東發及米芾時則益形明顯，故米芾乃運其如篆之筆，於其「畫史」中慨然興言：

> 今人絕不畫故事，則爲之人，又不考古衣冠，皆使人發笑。古人皆云某圖是故事也。蜀人有晉唐餘風，國初已（以）前多作之，人物不過一指，雖乏氣格亦秀整，林木皆用重色，清潤可喜，今絕不復見矣（註五〇）。

東發於多數畫家普遍不作故事人物之風氣下，獨能挺身而出，志於寫繪他人所不顧、不能之圖像，並能別出法意，另樹風規，實足榮耀。

由米芾之記述「今人絕不畫故事」之文詞中可知此時之人物畫已然趨陷於衰境。尤以院外之畫家，除少數專門之職業畫手之外，多數均屬識力迥俗，資秉逸倫之軒冕巖穴及儒雅布衣，彼等人士固多不慣於興繪較受束縛之衣冠故實題材，而何況道釋人物畫素來爲專業畫家所專習，藉以作爲謀生或干譽之所資，上士儒雅遂不齒與同好，故此後院外乃無大家出現。

五、山　水

海虞毛晉在畫繼之跋文中謂：

大凡廊廟之士，留心翰墨，識力便逈出雞群，況內府之秘玩，巨室之名蹟，一一姿其雌黃，率爾揮毫，無非天趣。至若隱逸者，春秋佳日，山水清音，探奇討幽，神境都韻，而以手筆出之，豈復尋常邱壑耶。舍此二者，則無畫矣（註五一）。

毛晉之言無異爲軒冕巖穴之優異畫格下註語，而軒冕巖穴因其學養既高，志向清逸，故於畫藝之作，多樂於寫描山水，以寄託其高情。而因軒冕才賢固有高尚之職位，巖穴上士則多嘯傲山林，故均不爲畫院所拘役，由此可知宋代之山水佳蹟多由院外畫家所創營。尤其北宋之政治局勢較爲穩定，社會安和，軒冕士夫、布衣文士均較有優閒之心志從事於丹青之寫繪，山林隱士亦得於清平之境安心以畫遣懷，故北宋山水大家無一出於畫院，其他山水名手亦多出於縉紳士夫或幽人隱士。至於南宋，因政局之丕變，江山殘存半壁，畫家爲謀生、爲取譽，多入畫院爲其托庇之所，此由劉李馬夏四大山水家均爲院中人可以看出其大勢。茲就院外之山水名家作簡要之概述。

董源（宣和畫譜作董元），字叔達，江南鍾陵人，初任南唐李後主爲北苑副使，故後世乃稱其爲董北苑。宋太祖滅南唐，源隨後主投歸宋闕，故視其爲宋人。源精善畫藝，多作山石水龍。就源之山水畫而言，下筆雄偉，有嶄絕崢嶸之勢，重巒絕壁，使人觀而壯之。宣和畫譜稱譽其畫藝謂：

> 著色山水，景物富麗，宛然有李思訓風格，今考元所畫，信然。蓋當時著色山水未多，能倣思訓者亦少也，故特以此得名于時。至其出自胸臆，寫山水江湖、風雨溪谷、峯巒晦明、林霏煙雲，與夫千岩萬壑，重汀絕岸，使覽者得之，眞若寓目於其處也，而足以助騷客詞人之吟思，則有不可形容者。」（註五二）

董源所作山水，多以江南之眞山爲其本，故董其昌要言「董源寫江南山」。（註五三）而沈括之夢溪筆談則有較具體之說明：「董源工秋嵐遠景，多寫江南眞山，不爲奇峭之筆」。米芾在稱譽其高妙之畫格，同時亦申言其山水之本源謂：

> 黃源平淡天眞多，唐無此品，在畢宏上，近世神品，格高無以比也。峯巒出沒，雲霧顯晦，不裝巧趣，皆得天眞。嵐色鬱蒼，枝幹勁挺，咸有生意，溪橋漁浦，洲渚掩映，一片江南也（註五四）。

董源所作山水有兩種，其一爲著色山水，其畫格之富麗雄瞻，宛如李思訓；另一則爲水墨畫，用以表現江南風雨溪谷，峯巒明晦，林霏烟雲之景觀，是以脫盡廉纖刻畫之習，而以概括婉約之筆法，純以墨染雲氣，而作吐吞變滅之勢。湯垕對其表現之兩種山水畫風有精要之說明：「董源山水有二種：一樣水墨礬頭疏林遠樹，平遠幽深，山石作麻皮皴。一樣著色，皴文甚少。」

至於董源之筆法多採正鋒，而著意於氣韻之表現，清惲南田對此有要言不繁之述說：「北苑畫正鋒，能使山氣欲動，靑天中風雨變化，氣韻茂於筆墨，筆墨都成氣韻。」

董北苑山水畫最大之特點，乃在對景物作總體和諸印象之捕捉，而摒棄廉纖瑣細之刻畫，故其作樹石輒不取細意，「作小樹但只遠望之似樹，其實憑點綴以成形」（註五五），而其山頂暴露之礬頭及近山之巖坡多以麻皮皴表現之，亦屬大體印象之寫繪。因其作畫不取細意，但求整體和諸之表出，故呈現於畫境中之景趣乃妙然奇觀，別有一番都豐靈妙之感。沈括對此作有貼切之描述：

> 大體源及巨然畫筆，皆宜遠觀，其用筆甚草草。近視之，幾不類物象，遠觀之則景物粲然，幽情遠思，如觀異境。如源畫落照圖，近視無功，遠視村落杳然深遠，悉是晚景。遠峯之頂，宛有反照之色，此妙處也（註五六）。

董源雖有如此超絕之畫藝，但其畫風在其生世時並未受到應得之隆譽。以郭若虛之善於品鑑，亦未能置董源於大家之行列，其「論三家山水」唯推尊李成、關仝與范寬爲三家鼎峙，至於等而下之得一體之美，或具體而微之畫家，董源亦均不備格其間。其後由於米芾等文人畫家之大力推譽，其名乃大爲世人所熟知，至元代與淸朝，由於文人畫派之相繼溯崇其績，宗法董源者亦隨之而增多，並公認董源爲大師之身分，遂取代長安關仝之地位，成爲北宋山水三大家之一，與李成、范寬鼎足而立，而爲百代所崇仰。

劉道醇之聖朝名畫評於山水林木門置神品二人，第一人爲李成，評曰：

> 成之命筆，惟意所到，宗師造化，自創景物，皆合其妙，耽於山水者，觀成所畫，然後知咫尺

之間，奪千里之趣，非神而何，故列神品（註五七）。

郭若虛之圖畫見聞誌於「論三家山水」文中推置李成於三大名家之首位，並稱述其畫藝成就，云：

> 夫氣象蕭疎，烟林清曠，毫鋒穎脫，墨法精緻（註五八）。

宣和畫譜於稱譽李成之畫藝成就時，一併道述其山水畫之格趣，謂：

> 寓興于畫，精妙初非求售，唯以自娛於其間耳，故所畫山林藪澤，平遠險易，縈帶曲折，飛流危棧，斷橋絕澗，水石風雨晦明，煙雲雪霧之狀，一皆吐於胸中，而寫之筆下，如孟郊之鳴於詩，張顛之狂於草，無適而非此也，筆力因是大進。于時凡稱山水者必以成爲古今第一，至不名而曰李營邱焉（註五九）。

李成山水畫所慣常表現之內容爲齊魯平原上之寒林景觀，而因其善於把握烟林瀟爽冷寂之氛圍，同時精擅墨法，故氣韻與景趣同時湧現於絹素之外，而成就百世之範式。澠水燕談錄對李成之寒林風範有極佳之評述！

> 李成畫平遠寒林，前人所未嘗爲。氣韻瀟灑，烟林清曠，筆勢穎脫，墨法精絕，高妙入神，古今一人，眞畫家百世師也（註六〇）。

至於李成作畫，擅長於使用水墨作最精當之運施。於畫樹石，每能利用水墨暈化交融而產生一種清潤秀逸之甘美境界，故董其昌用「惜墨如金」四字以稱譽其墨法上之精妙成就。（請參閱第九章第一節）。

因李成之畫藝名滿天下，故宋代師法者甚衆，連三大家中之范寬早年亦曾師事之，因此，李成之畫派乃成爲北宋山水畫之主流。而其中之善學者有許道寧、李宗成與翟院深三人。許得成之氣，李得成之形，翟得成之風。而實際上，在諸多宗法李成之人物中最有成就者當推郭熙。河陽溫縣之郭熙，曾任御畫院藝學之職，於古今畫藝最爲敬慕李成，遂銳意摹寫，入其堂奧，故最得李成之精髓，後世合稱「李郭」，其親切聯繫之狀，一如董源巨然之合稱「董巨」。由於營邱之品高藝精，故其寫繪之畫藝深得有識之士之雅愛，尤其一般文藝雙修之士更爲推崇抬愛，因之，爲宗派論者所稱述之所謂「南宗」山水畫至宋之所以蔚成波瀾壯濶，聲勢浩蕩之局面，乃是由李成高絕雅逸之畫風所啓毓而成。

范寬一名中正，字中立，華原人，喜善山水，宣和畫譜對其從事於畫藝之經過及其表現成就有詳切之記述：

始學李成，既悟，乃歎曰：「前人之法，未嘗不近取諸物，吾與其師於人者，未若師諸物也；吾與其師於物者，未若師諸心。」於是捨其舊習，卜居於終南太華岩隈林麓之間，而覽其雲煙慘淡，風月陰霽難狀之景，默與神遇，一寄于筆端之間，則千巖萬壑，恍如行山陰道中，雖盛暑中，凜凜然使人急欲挾纊也。故天下皆稱善與山水傳神，宜其與關李並馳方駕也（註六一）。

范寬之畫藝因能始師名家，其後又能專志師法於造化，與天地之自然景觀同生息，故善與山傳神，其畫藝之豐隆成就自古卽有定評。劉道醇之聖朝名畫評於山水林木門僅置神品二人，范寬與李成並列而稱最，評曰：

范寬以山水知名，爲天下所重，眞石老樹挺生筆下，求其氣韻出於物表，而又不資華飾，在古無法，創意自我，功期造化，而樹根浮淺，平遠多峻，此皆小瑕，不害精緻，亦列神品（註六二）。

郭若虛之圖畫見聞誌於「論三家山水」文中推譽范寬之畫風爲「峯巒渾厚，勢狀雄強，槍筆俱均，人屋皆質」（註六三）因其藝能表現傑異，故與營丘李成，長安關仝成三家鼎峙之勢，其範式爲百代所共欽。

范寬作畫，既不以古人爲法，自以眞山爲本，對景寫意，自創風格，元趙子昂題范寬「煙嵐秋曉圖」有明確之聲述：

寬所畫山，皆寫秦嶺峻拔之勢，大圖濶幅，山勢逼人，眞古今絕筆也。

聖朝名畫評則對范寬寫繪眞山而自創體格之情狀有極詳盡之說明：

居山林間，常危坐終日，縱目四顧，以求其趣，雖雪月之際，必徘徊凝覽，以發思慮，學李成筆，雖得精妙，尚出其下。遂對景造意，不取繁飾，寫山眞骨，自爲一家。故其剛古之勢，不犯前輩，由是與李成並行。宋有天下，爲山水者惟中正與成稱絕，至今無及之者。時人議曰：「李成之筆，近視如千里之遠；范寬之筆，遠望不離坐外，皆所謂造乎神者也，然中正好畫冒雪出雲之勢，尤有氣骨」。（註六四）

范寬畫山，喜作形勢逼人之巍峯絕壁，並於峭峻之峯壁間飾畫繁密之雨點皴，創亘古未有之家法。畫流泉則多懸騰空際，筆直如素練；作溪水則激湍迴動，勢若有聲。畫林木，或直上如帚，亦有側形如偃蓋者；作峯頂林簇則叢聚如蝟，別具一種風規。而就范寬畫藝之大體風格而言，米芾有最精當之闡述：

> 范寬山水，嶪嶪如恒岱，遠山多正面，折落有勢。晚年用墨太多，土石不分，本朝自無人出其右。溪出深虛，水若有聲，其作雪山，全師所謂王摩詰（註六五）。

北宋山水畫家除董源、李成、范寬（關仝雖被郭若虛列名爲山水三大家之一，然其生世多屬五代，其藝能又被李成所蓋，故在此不加論述）三大家之外，據郭若虛於「論三家山水」文中，記述創樹一體，或具體而微，或預造堂室，或各開戶牖，皆可稱尙者，復有王士元、王端、燕貴、許道寧、高克明、郭熙、李宗成、丘訥等人。而宣和畫譜中所稱述之山水名家扣除郭若虛前開列之名氏外，尙有陳用志、翟院深、孫可元、屈鼎、陸瑾、燕肅、宋道、宋廸、王穀、范坦、黃齊、李公年、李時雍、王詵、童貫、劉瑗、梁揆、羅存、馬覿、巨然等名手。而其中燕貴、高克明、郭熙、陳用志、屈鼎等人屬於畫院畫家，在下章另作申述。其他衆多畫手於畫藝雖均有專擅之技，或具獨門之長，雖爲譜錄所記，然尙不足於登大雅之堂，故在此僅舉較具代表性之畫家作概要之荐述。

在北宋諸多山水畫家之中，多數以李成爲宗師，就前列記之名手中，諸如許道寧、李宗成、翟院深、燕肅、宋廸、范坦、王詵等人均先後學從營邱之蹟，其中又以前三者最得李成之心法。而王詵以戚里之尊，又胸蘊清奇之素養，篤志丹青，故亦有高標之致。

翟院深，北海人。工畫山水，學從營邱。院深出身於伶人，少翰墨之滋充，其學藝雖能凝神專一，但拘於學養，以致其藝能僅止於摹倣，而少有創意，然其摹倣工夫，則可以亂眞。若論神氣，則與李成有霄壤之差。論者謂院深得李成之風。（註六六）

許道寧，長安人。山水學李成。初賣藥都門，畫山水以聚觀者，故早年所畫俗惡。至中年脫去舊學，稍自檢束，行筆簡易，風度益著。峯頭直皴而下，林木勁硬，自成一家體，至細微處，始入妙理。評者謂得李成之氣（註六七）。

李宗成，鄜畤人。工畫山水寒林，學李成，破墨潤媚，取象幽奇。林麓江臯，尤爲盡善，評者謂得成之似（註六八）。

駙馬都尉王詵，字晉卿，本太原人，後籍隸開封。喜讀書屬文，所從游者，皆一時之俊儒，如蘇軾、文同、米芾與黃庭堅等名流均爲契交。並時常互以詩畫相酬答。善畫墨竹與山水。其墨竹全師文同法度，而山水則宗法李成，得清潤高雅之趣。其作畫內容「專寫煙江遠壑、柳溪漁浦、晴嵐絕澗、寒林幽谷、桃溪葦村，皆詞人墨卿難狀之景，而詵落筆思致，遂將到古人超軼處。」（註六九）王詵學李成不僅學其清潤雅馴之意韻，而且亦師習其皴拂布景之法，米芾畫史記述王晉卿學李成云：

> 學李成，皴法以金碌爲之，似古今觀音寶陀山狀，作小景亦墨，作平遠，皆李成法也（註七〇）。

王晉卿之山水畫除師法李成之外，又轉學李思訓之青綠風範，宋趙希鵠之洞天清祿謂：

唐大小李將軍始作金碧山水，其後王晉卿、趙大年，近日趙千里皆爲之（註七一）。

如此說來，王晉卿之山水畫乃是治金碧與水墨畫爲一爐，故能成就「不古不今，自成一家」之不凡藝能（註七二）。

鍾陵僧巨然，工畫山水，師法董源，因其作畫體格與董源相近，故世人乃以董巨連稱。有關巨然之畫藝素養及山水畫之風格，宣和畫譜有甚詳備之記述：

巨然每下筆，乃如文人才士，就題賦詠，詞源袞袞，出於毫端，比物連類，激昂頓挫，無所不有，蓋其胸中富甚，則落筆無窮也。巨然山水，於峯巒嶺竇之外，下至林麓之間，猶作卵石松柏，疎筠蔓草之類，相與映發，而幽溪細路，屈曲縈帶，竹籬茅舍，斷橋危棧，眞若山間景趣也。人或謂其氣質柔弱，不然，昔有嘗論山水者，乃曰：「儻能於幽處使可居，於平處使可行，天造地設處使可驚，嶄絕巇嶮處使可畏，此眞善畫也。」今巨然雖瑣細，意頗類此，而曰柔弱者，恐以是論評之耳。又至於所作雨脚，如有爽氣襲人，信哉（註七三）。

巨然年輕時與老年之畫風有甚大之不同，圖繪寶鑑謂巨然「少年時礬頭多，老年平淡趣高。」（註七四）礬頭即是山頂露出之巖石，一般而言，寫繪峯頂之畫面均爲遠距離之景觀，遠距離之景象按常理而言多屬模糊不清，而巨然竟多用心繪畫峯頂之礬石，足見其少年時之畫藝偏於廉纖瑣細，換言之，巨然少年之繪畫風格乃是傾向於謹細之寫實作風，其畫藝隨其年齡與學養之增長而蛻化，以至由巧飾之絢爛而趨於平淡之高趣。董其昌於其「畫旨」中記述「巨然畫，米元章稱其平淡天眞」、「宋畫至董源、巨然，脫盡廉纖刻畫之習」、「董北苑、僧巨然，都以墨染雲氣，有吐吞變滅之勢」（註七五），以及米芾所稱「巨然山水平淡奇絕」（註七六）之作風應屬其晚年之格調而言。因巨然最得董源之正傳，而其晚年之藝能修爲又臻達簡約天眞之奇絕妙境，故其畫境乃與其師董源之境界混然同體而難分軒輊，宜乎世人均以董巨聯稱。

衆所週知，宋代爲我國山水畫之大成時代，宗師創法、巨匠闢徑，名家輩出，在藝能上多有創格，或崇巍大觀，或具體而微，林林總總，難以遍述，以上所列論僅及北宋山水大家。至於南宋之山水名師多服職於畫院之中，故於下章另作探討。

附註

一：「畫史叢書」（文史哲出版社，民國六十三年三月初版），第一冊，郭若虛撰「圖畫見聞誌」，卷一，見頁一三。

二：同前註叢書，「宣和畫譜」，卷一七，頁二一四，見唐希雅條。

三：同前註叢書，第二冊，夏文彥撰「圖繪寶鑑」，卷三，頁五六，見唐宿、唐忠祚條。

四：同註二書卷，頁二一五，見唐忠祚條。

五：同註三書卷頁，見趙昌條。

六：清聖祖敕撰「佩文齊書畫譜」（新興書局，民國五十八年九月新一版），第二冊，頁一〇七八，見趙昌條。

七：同前註書頁，見王友條。

八：同註六書，頁一〇八〇，見劉常條。

九：同註二書，卷一九，頁二三五，見劉常條。

一〇：黃賓虹．鄧實合編「美術叢書」（藝文印書館，第四版影印本），二集第九輯，見二二。其原文謂：「易元吉，徐熙後一人而已。善畫草木葉心，翎毛如唐徐，後無繼人，世但以獐猿稱，可歎！或云畫孝嚴殿壁，畫院人妬其能，只令畫獐猿，竟爲人鴆。」

一一：同註二書，卷一九，頁二四三，見內臣樂士宣條。

一二：同前註書卷，頁二四五，見內臣李正臣條。

一三：同前註書卷，頁二三七，見武臣劉永年條。

一四：同前註書卷頁，見吳元瑜條。

一五：同註三書卷，頁五八，見吳元瑜條。

一六：同前註書卷，頁六〇，見郭元方與李延之條。

一七：同註一叢書，第一册，鄧椿撰「畫繼」，卷一，見第一頁。

一八：同註二書，頁五，見序目文中，全段記謂：「架雪凌霜，如有特操，虛心高節，如有美德，裁之以應律呂，書之以爲簡册，草木之秀，無以加此，而脫去丹青，澹然可尙，故以墨竹次之。」

一九：同註六書，頁一〇八八，見蘇軾條中。

二〇：「中國畫論類編」（河洛圖書出版社，民國六十四年五月臺景印初版），頁一〇二六，見蘇軾撰「文與可畫篔簹谷偃竹記」文中。

二一：同註二書，卷二〇，頁二五四，見閻士安條。

二二：同註一九。

二三：同註二〇。

二四：同註一〇書，見頁二五。

二五：同註六書，頁一〇九一，見趙令穰條中。

二六：同註一七書，卷四，頁二六，見李昭條中。

二七：同註二書，卷一二，頁一三三，見文臣李時雍與時敏條。

二八：同前註書，卷二〇，頁二五一，見親王端獻魏王頵婦魏越國夫人王氏條。

二九：同前註書卷，頁二四八，見親王皇端獻王頵條。

三〇：同註二八書卷頁，見宗室令庇條。

三一：同註一八，見頁六。

三二：同註二書，卷二〇，頁二五五，見「蔬果敍論」文中。

三三：同前註書，卷一七，頁二〇九，見徐崇嗣條。

三四：同前註書，卷二〇，頁二五八，見武臣郭元方條。

三五：同前註書卷頁，見武臣李延之條。

三六：同前註書卷頁，見僧居寧條。

三七：同註三書，卷四，頁九九，見僧法常條。
三八：同註六書，頁三七一，見王瓘條。
三九：同前註書，頁三七二，見孫夢卿條。
四〇：同註二書，卷四，頁三七，見孫夢卿條。
四一：同前註書卷，頁三八，見孫知微條。
四二：同註六書，第一冊，頁三七二，見侯翌條。
四三：同註二書，卷四，頁四三，見侯翌條。
四四：同前註書卷，頁四四，見武洞清條。
四五：同前註書卷，頁四六，見文臣武宗元條。
四六：同註六書，第二冊，頁一〇七七，見王拙條。
四七：同註二書，卷四，頁四八，見道士李得柔條。
四八：同註一七書，卷三，見李公麟條。
四九：同前註書，卷四，頁二六，見靳東發條。
五〇：同註一〇書，見頁一七。
五一：同註一七書，卷一〇，頁七九，見「畫繼」之跋文。
五二：同註二書，卷一一，頁一一，見董元（源）條。
五三：于樸編「中國畫論彙編」（京華書局，民國六十一年十一月出版），頁七一，見董其昌「畫旨」文中。

五四：同註一〇書，見頁一一。

五五：同註五三書，頁七三。全句之文：「董北苑畫樹，都有不作小樹者，如「秋山行旅」是也。又有作小樹，但只遠望之似樹，其實憑點綴以成形者，余謂此卽米氏落茄之原委。蓋小樹最要淋漓約略，簡於枝柯，而繁於形影。」（此條又見莫是龍「畫說」）

五六：沈括著「夢溪筆談」（台灣商務印書館，民國五十九年六月臺二版），見頁一一二。

五七：同註六書，第一冊，頁三七三，見李成條。

五八：同註一書卷，見頁一二。

五九：同註二書，卷一一，見頁一一四。

六〇：呂佛庭著「中國畫史評傳」（華岡出版社，民國六十六年六月再版），見一二九頁。

六一：同註二書，卷一一，頁一一七，見范寬條。

六二：同註六書，第一冊，頁三七三，見范寬條。

六三：同註一書卷，頁一二，見「論三家山水」文中。

六四：同註六書，第二冊，頁一〇六四—五，見范寬條。

六五：同註一〇書，見頁三九—四〇。

六六：同註三書卷，頁四九，見翟院深條。

六七：同前註書卷頁，見許道寧條。

六八：同前註書卷，頁六七—八，見李宗成條。

六九：同註二書，卷一二，頁一三三，見王詵條中。
七〇：同註一〇書，見頁二五。
七一：同註一〇書，初集第九輯，頁二七八，全段文爲：唐小李將軍始作金碧山水，其後王晉卿、趙大年，近日趙千里皆爲之。大抵山水初無金碧水墨之分，要在心匠布置如何爾。若多用金碧如今生色罨畫之狀，而略無風韻，何取乎與水墨異，其爲病則均耳。
七二：同註三書卷，頁五一，見駙馬都尉王詵條中謂：又作著色山水，師唐李將車，不古不今，自成一家。
七三：同註二書，卷一二，頁一三九，見僧巨然條中。
七四：同註三書卷，頁五二，見僧巨然條。
七五：同註五三書，頁七六。
七六：同註一〇書，見頁三〇。其原文記：蘇泌家有巨然山水，平淡奇絕。

第六章　畫院繪畫成就之探研

如衆所知，宋代之繪畫成就乃是由寫實與寫意兩股繪畫思潮所交織編譜而成，而畫院則爲寫實風格培養陶鑄之溫床。寫實風格最高成就之完成，一則表明畫院畫家善於承接我國歷代傳統國畫之嚴整華貴風範，一則表現宮廷畫家多能力爭上游，用心創研高妙畫技之可佩精神。畫院畫家在承接我國歷代傳統畫藝之優點散見於各家著錄，可謂博雜繁富，難以罄書，茲錄其要者以作觀隅。何良俊四友齋叢說云：

畫家各有傳派，不相混淆，如人物白描有二種：趙松雪出於李龍眠，李龍眠出於顧愷之，此所謂鐵線描；馬和之、馬遠（以上二者爲畫院人物）則出於吳道子，此所謂蘭葉描也（註一）。

董其昌畫禪室隨筆云：

畫中山水，位置皴法，各有門庭，不可相通。唯樹木則不然，雖李成、董源、范寬、郭熙、趙大年、趙千里、馬夏、李唐（郭熙及馬夏李唐爲畫院人物）皆可通用（註二）。

偃曝餘談云：

山水畫自唐始變法，蓋有兩宗，李思訓、王維是也。李之傳爲宋趙伯駒、伯驌，以及於李唐、郭熙、馬遠、夏珪、皆李派。王之傳爲荆浩、關仝、董源、李成、范寬，以及於大小米，元四大家，皆王派。李派粗硬，無士人氣，王派虛和蕭瑟，此又慧能之禪，非神秀所及也。（下略）（註三）

偃曝餘談中所述之見解雖多宗派之偏見，然其中亦可看出自郭熙以及李唐、馬夏等畫院名家皆能宗法古代名家，而承接我國傳統國畫之風範。

王世貞藝苑巵言記謂：

山水、大小李，一變也；荆、關、董巨又一變也；李成、范寬，又一變也；劉、李、馬、夏，又一變也；大癡黃鶴又一變也（註四）。

於前引錄王世貞之言論中，更可淸楚瞭解如劉、李、馬、夏等畫院名家因能承接我國歷代優良之繪畫傳統，並發揮其畫藝長才，故乃能有承先啓後之偉大貢獻。

畫院畫家不僅善於承接我國傳統之繪畫優點，而且又多能以「注精」、「嚴重」、「恪勤」之精神研創畫技（註五），故所畫之山水、人物、花木、鳥獸，乃能獲致種種臻妙之境（註六）。茲就畫院名家之誠敬創畫精神與其特有之繪畫成就作概要之記述。

一、花鳥畫

宋朝畫院中多數名家對其畫藝之創作咸能抱持誠敬嚴肅之精神以臨之，如被視爲北宋初期畫院較藝標準之代表畫家黃居寀，其作畫恒能凝神於一，體察物象之精妙處，然後下筆染繪，故其畫蹟乃能默契天眞，冥周物理。

與吳元瑜共同戮力於體創新畫風，而推翻自宋朝初期以來畫院較藝程式之革新派領袖畫家崔白，論其才格，有邁前修，故其所作花竹翎毛，體製淸贍，作用疏通。因其作畫精嚴洗鍊，故凡臨素多不用朽，復能不假直尺界筆爲長絃挺刃，是以其所壁圓光透徹，筆勢欲動（註七）。

神宗熙寧初，由崔白率先倡革之新畫風，乃是酌採徐黃兩家（徐熙與黃筌及其子居宷）之精蘊，再摻以強調對主題之寫生，而把黃體務意於巧麗富艷之體製作有選擇性之保留，摒棄其蕪雜謹細之處，同時增引徐家輕秀飄逸之韻致，再配合疏朗得宜之構局，強調主題之描繪，捨略過於繁複之襯景，特別注重立意與造境，因此，畫面上乃能呈現出一種爽朗和諧之安適氣氛，並且能使人對畫面之形象產生明確親善之眞實感，而萌發出無窮之淸新趣味。

曾任職於宣和畫院，後來又於紹興畫院復職，以工於「捉勒」而善畫花鳥走獸馳譽於時之李安忠，其畫蹟精彩如新，筆下所造之景象有種種類生之感，乃是因其注精於對物象之勾勒所致。

以「一花半羽擅當時」之李迪，曾歷事高宗、孝宗與光宗三朝。年輕時固然專志於繪事，年老而愈堅篤於精美畫境之體創，故其所作花鳥竹石，無不精俊如生，氣韻絕倫。至於其偶作之小品，亦無不生意浮動，觀之令人頓覺濠濮間之逸趣。

於紹興間花果之作，意象逼眞，傅色輕倩，過於林椿、吳炳之陳善，早年潛心畫學之硏究，除花果有超乎常倫之佳績外，亦善描繪猿猱禽鳥，而學從易元吉，因其效績卓越，故被列爲御前畫院名家。

因工畫花鳥寫生折枝，其造境之奇美可奪造化，采繪精緻富麗，以致爲光宗及李后所寵遇之吳炳，平素亦凝志於花鳥之寫繪。

於淳熙中任畫院待詔之林椿，花鳥翎毛師於趙昌，其畫藝之特點傅色輕淡，極寫生之妙，故深得造化之奧方。對於畫境之作，善於經營布置，能極盡物象之自然情態，故覽之景物生情，宛然欲活，可謂曲盡畫藝之能事。

以上所列述之畫家如李安忠、李廸、陳善、吳炳及林椿均爲載之於周密武林舊事所列於御前畫院之著名花鳥畫家。至於起先所述及之黃居寀與崔白，一則爲畫院花鳥畫科競藝標準體格之最先欽定爲程式者；另一則爲改變畫院院體之規制者。以上所舉各家於畫藝之表現均有超乎常流之不朽創格。其他未經列論者懷一技之長，擅一藝之專者，所在多有，因不勝述說，故從略。

二、道釋人物

至於道釋人物畫而言，任職於畫院之畫家與院外之畫士於趙宋時雖則多以吳生之作爲師法，然各家亦能秉其個人對畫藝之不同修爲，而作「能與古人合，而又能與古人離」之創藝。

王靄爲北宋初期於道釋人物畫最早享盛名之畫院畫家之一。聖朝名畫評謂：「靄之爲畫也，可謂至矣，意思宛約，筆法豪邁，皆不下王瓘，但氣燄稍劣耳。夫寫人形狀者，在全其氣宇，靄能停分取像，側背分衣，周旋變通，不失其妙，可列神品中（註八）。王靄在佛像人物方面之所以能獲致如此不凡成就，乃是由於其平素認眞於追學吳生，而又善於精研寫眞之畫理所致。

趙光輔爲太祖朝圖畫院學生，工畫佛道，兼精蕃馬。凡欲爲之，必心潛慮密，視聽皆斷，方肯草本，其用心可想而知。作畫筆鋒勁利，名「刀頭燕尾」，開往古所未有之創格。聖朝名畫評甚譽其畫藝成就，評之曰：「光輔之畫也，放而逸，約而正，形氣淸楚，骨格厚重，可列神品下。」（註九）

高益亦爲早期享譽盛名之畫院人物畫家，其出身雖爲契丹涿郡之貨藥郎中，然却熱心於畫藝之研究，善畫鬼神犬馬，尤工人物之描繪。因其潛心於畫藝之鑽研，對人物之神情動作均能善加觀察，故所繪製之人物動態乃能契合情理，江少虞皇朝事實類苑對高益之畫藝有一則記事：相國寺舊畫壁乃高益之筆，有畫衆工奏樂一堵，最有意。人多病擁琵琶者誤撥下絃，衆管皆發四字，琵琶四字在正絃，此撥乃掩下絃，誤也。予以爲非誤也，蓋管以發指爲聲，琵琶以掩過爲聲，此撥掩下絃，則聲在上絃也。益之布置尙能如此，其心匠可知也（註一〇）。

高益對其所作之畫境善於布構，奇蹤異態，靡有一致，用墨重，傅色輕淡，名畫評謂：「觀益之畫，色輕而墨重，變通應手，不拘一態，其丹青之工者歟，可列神品下（註一一）。

因藝能傑出而被太宗委以訪求名藝及詮定名目之高文進，其佛道之體格兼備曹、吳之所長，其作畫，筆力快健，施色鮮潤可愛，比之吳生之「傅采於焦墨痕中」，則另一番風味。

被高文進荐舉於太宗之王道眞，工畫佛道人物，兼長屋木，亦兼得楊輝畫魚之奥。曾屢次與文進合作畫宮觀寺壁，因計度合宜，遂遷待詔。聖朝名畫評稱道眞所畫人物之格趣「淳重寧妥，可謂能矣，言院體者無出其名」（註一二）。

據周密武林舊事所載　被列為御前畫院居首位之馬和之，為南宋衆多精擅人物佛像名家中之佼佼者。畫鑑稱其「作人物甚佳，行筆飄逸，時人目為『小吳生』。更能脫去習俗，留意高古，人未易到也。」（註一三）黃鶴山人王蒙對馬和之之畫藝風格則有更切體之說明：「畫家以沖淡勝者為至，若瘦硬嚴整，則又涉作家氣，知音士人所不貴也。錢唐馬和之，紹興中登進士第，宦游之暇，以繪事寄情，務脫去鉛華艷冶之習，而專為清雅圓融，向來畫院一派，至是而為之一洗矣。」（註一四）文徵明對馬和之畫藝成就之褒評最為護愛，亦最尚理氣。謂：「余謂南宋畫院中，如劉李馬夏之稱翹楚，下有蘇漢臣、蕭照、李從訓、李嵩輩自成一家，擅美當時，間有以荒勁勝，更有以穠艷勝，然皆倚於一偏，要之清潤中和之氣，邈乎其未有也。吾友某近得和之畫卷，秀潤閒雅，無所不具，回視劉李諸君，不啻徑庭，元季子久謂其全法右丞，信非虛語，奚俟後人之喋喋也。」（註一五）

蘇漢臣亦為武林舊事所列為御前畫院之名畫家。圖繪寶鑑對其畫藝之事蹟記稱「初任職宣和畫院待詔，師劉宗古，釋道人物臻妙，尤善嬰兒。紹興間復官，孝宗隆興初畫佛像稱旨，授承信郎。」（註一六）蘇漢臣不僅善畫釋道人物與嬰兒，其士女之作亦可比肩往古之名家巨匠，畫鑒載有其士女之畫藝成就，謂：「士女之工，在于得其閨閣之態，唐周昉、張萱，五代杜霄、周文矩，下及蘇漢臣輩，皆得其妙。不在施朱傅粉，鏤金佩玉，以飾為工。」（註一七）

李嵩為南宋畫院中鮮有之資深名家，歷任光、寧、理三朝之待詔。少為木工，後為李從訓養子，從訓早年任職宣和待詔，紹興間復官，有賜金帶之榮。以工畫道釋人物花鳥擅名於時，其作畫特別講究布置位置，傅彩精妙，高出流輩。嵩承父教，更能變從家學，遂有出藍之非凡成就。工畫人物，筆法高古，登古人所未到之處。至於意匠之經營，輒有情留象外之趣。尤精於界畫，幾至折算無遺。亦善繪觀潮圖及西湖之景觀，其繁富之景致與逼眞之情狀，使觀者如就眞景，然其本意則在於諷諫當政者之靡樂。至於其所畫人物或含深邃玄奇之哲理，或寓警世之教義。如其所畫四迷圖，點染人物極爲精工，用以警戒躭淫鬥博之惡俗，其意匠則與古畫之箴規同具意思，畫院中之李嵩可稱畫中之賢者。

於寧宗朝嘉泰年間授畫院待詔，並賜金帶，然竟不接受皇帝之恩寵，挂于院內，辭官不就之梁楷，其畫藝之始基師自賈師古，善畫人物、山水、道釋、鬼神，其後一變師承之體貌，自創體格，以精妙之筆，描寫飄逸之韻致，於是，其畫藝乃有出藍之譽。爲其所畫人物雖爲人所皆知之神道故實，然其筆墨流運逈越常倫，其畫法視題材之不同而異其技法，或爲草草之減筆，或爲工緻之精筆，或以撇捺之折蘆描舒意，或以釘頭鼠尾寫人物衣摺之趣思；或以淡墨粗皴表超曠之意趣，有時則以酣暢淋漓之潑墨表意象渾融之思致。故其所作人物一反昔人高古謹嚴之風，而予人以「觀圖猶喜墨如新」與「滿眼煙雲筆底春」之美妙感觸。我國人物畫之表現至梁楷已臻達變化之極端。

三、山水門

宣和畫譜之山水敍論中有云：「自唐至本朝，以畫山水得名者，類非畫家者流，而多出於縉紳士大夫。然得其氣韻者，或乏筆法；或得筆法者，多失位置。兼衆妙而有之者，亦世難其人。蓋昔人以泉石膏肓，煙霞痼疾，爲幽人隱士之詣，是則山水之於畫，市之於康衢，世目未必售也。」（註一八）由此段文詞中，吾人可探索出兩則重要之事象：其一爲在唐宋間之山水畫仍不爲世人所重視，至少至宣和畫譜出書時猶不能獲得世人普遍之愛好。另一則爲唐宋間畫山水得名者，多出於縉紳士大夫，亦即山水畫多由軒冕才賢及高尚士流所創畫，而職業畫家則少有與焉。所謂職業畫家在唐代而言，大都指宮廷畫家及少數民間之專業畫家而言；而就宋代而言，則多指畫院之畫師。縱觀宋朝之畫史，畫院畫家作繪山水畫之成就，一般而言，誠然不如院外之軒冕才賢與巖穴上士，然其間偶亦有學養精深，才藝出衆之山水畫名手側身於畫院。茲摘要介述畫院之山水名家於後。

燕文貴爲太宗朝最出色之山水畫家，其山水之藝能出自資秉，不師古人，自成一家，而景物萬變，觀者如眞臨焉，畫流輒稱其所畫山水爲「燕家景致」。而在「燕家景致」之中尤其以「花村曉月」、「萍江晚雨」、「竹村夕靄」與「松溪殘雪」四景最爲聞名（註一九）。畫繼稱文季（貴）之山水「清雅秀媚」。聖朝名畫評謂「燕文貴尤善其景，隨目可愛」。（註二〇）

陳用志，善山水，其作畫宣和畫譜謂：「雖詳悉精微，但疎放全少，而拘制頗嚴，故求之於規矩之外，無飄逸處也，大抵所學不能恢廓耳。」（註二一）宣和畫譜所記或爲用志較早期之畫藝作風亦未可知，因畫繼曾於陳用之（志）條下，記述用志因其畫格工致而少天趣而就教於宋復古，經復古啓敎之後，用志遂感悟，格乃精進（註二二）。名畫評謂用志「筆雖放曠，得自然之意。」（註二三）當爲另有所見而言者。

高克明爲仁宗朝之翰林待詔，圖畫見聞誌稱其「工畫山水，採擷諸家之美，參成一藝之精，團扇臥屏，尤長小景。但矜其巧密，殊乏飄逸之妙。」（註二四）宣和畫譜記述高克明之繪畫事蹟甚詳。謂：「克明端愿謙厚，不事矜持，喜游佳山水間，搜奇訪古，窮幽探絕，終日忘歸。心期得處，卽歸，燕坐靜室，沈屏思慮，幾與造化者游，於是落筆，則胸中邱壑盡在眼前。」（註二五）其專志於繪事如此，故其山水造詣乃有非凡之佳蹟。聖朝名畫評稱譽高克明「鋪陳物象，自成一家，當代少有。」（註二六）仁宗朝之圖畫院祗候屈鼎，亦善畫山水，宣和畫譜記述其繪事，謂其畫藝「學燕貴（文貴）作山林四時風物之變態，與夫煙霞慘舒，泉石凌礫之狀，頗有思致，雖未能極其精妙，視等輩故已駸駸度越矣。」（註二七）

郭熙爲神宗時御書院（宣和畫譜誌爲藝畫院）之藝學，其畫藝雖學慕營丘，然亦能自放胸臆，畫山水寒林，施爲巧贍，位置淵深。至於所作之巨障高壁雄邁壯觀，故有「今之世爲獨絕」之讚譽（註二八）。至其豪興攄發之時，乃於高堂素壁放手作長松巨木，回溪斷崖，岩岫巉絕，雲煙變滅晻靄之間，千態萬狀，論者謂熙獨步一時。

尤爲難能可貴者，郭熙學藝兼優，於勤於創畫之餘，並著山水畫論，一則闡發其畫藝之理趣，一則啓導後學，格古要論謂：「熙自著山水訓，議論一時，卓絕千古可規。」其言論之要點，乃在論述景境之遠近淺深，風雨晦明，四時朝暮之不同。至於溪谷橋彴，漁艇釣竿，人物樓觀等，莫不分布使得其所，言皆有序，可爲畫式。至其所謂「大山堂堂，爲衆山之主，長松亭亭，爲衆木之表」，則不特畫矣，蓋進乎道歟（註二九）。於此，足見畫院中之畫家並非僅能師法他人而不能自創畫格者，亦非僅能作畫而不能立論之畫匠。

郭熙之藝術創作雖理法精嚴，但表現之景趣却豐美秀逸，故其作品乃受各階層之雅愛，如神宗皇帝因深愛其佳構，以致殿堂中悉以熙作掩之。藝能修爲精宏，法眼高妙之東坡居士亦賦詩讚頌之：「玉堂臥對郭熙畫，發興已在青林間」（註三〇）。而明代吳寬題郭熙之「雪浦待渡圖」云：「宋人能畫非等閒，郭熙絕藝如荆關。」（註三一）吳寬竟以郭熙與五代山水名家荆浩、關仝同提並論，相爲媲美，由此足見郭熙山水畫之偉大成就。

王可訓，神宗朝熙寧元豐間之待詔，工山水，自成一家。曾作「瀟湘夜雨圖」，實難命意（註三二）。論者謂瀟湘之景雖美，然既夜矣，又復雨作，有何所見？此題材如出自庸工之手，必以火炬照纜，孤燈映船，極寫膚淺易見之形，而難描幽淡趣遠之神觀。若王可訓之舒寫夜景無庸工俗手之陋筆，而有引人遐思之景趣，宜乎其能自成一家。

北宋之山水畫雖有院外之軒冕才賢與巖穴上士，以及一般業餘畫家之經營創畫，再加上畫院有組織有系統之訓練畫藝，但山水畫仍然不爲社會大衆所普遍喜愛，而此種風氣至南宋初期依然閉塞不暢，尤其描寫景趣淡遠，思致雅逸之作品，尤爲一般人所不能接受，此一現象可由南宋初期山水畫大師李唐之詩句中可概見一斑。其詩曰：「雪裏煙村雨裏灘，爲之如易作之難，早知不入時人眼，多買胭脂畫牡丹。」（註三三）

雖然當時社會大衆對山水畫仍未能怡然接受，但酷嗜泉石，痼疾煙霞，且藝志堅篤之畫家仍然樂於創畫山水。南宋之山水畫卽由李唐率先引導，幾經與不順遂之環境搏鬥，終能鼓動風氣，造成有利山水畫之新機運，於是名家接踵輩出，如其後之劉松年、馬遠、夏珪皆受李唐風範之感染，然各家除霑承其流澤之外，猶能各出機杼，各運奇巧，南宋畫院之山水畫於焉大盛，其輝煌之猷獻遂與北宋院內院外之山水佳績相爲徑庭，而呈分飈爭輝之勢。玆介述南宋山水畫名家之畫藝事略如下。

李唐爲南宋四大山水畫家之首，圖繪寶鑑對李唐畫藝生涯之記事，謂：「李唐，字晞古，河陽三城人。徽宗朝補入畫院。建炎間太尉邵宏淵荐之，奉旨授成忠郎，畫院待詔，賜金帶，時年八十。善畫人物山水，筆意不凡，尤工畫牛。高宗雅重之，嘗題長夏江寺卷云：「李唐可比唐李思訓」（註三四）。至於其山水畫之表現技法，宋代以下諸家著錄紛紛稱述。元饒自然之山水家法謂：「李唐山水，大劈斧皴帶披麻頭各筆，作人物屋宇，描畫整齊，畫水尤覺得勢，與衆不同。南渡以來，推爲獨步，自成家數。」（註三五）格古要論謂：「李唐山水，初法李思訓，其後變化多，喜作長圖大障，其名大劈斧皴。水不用魚鱗縠紋，有盤渦動盪之勢，觀者神驚目眩，此其妙也。」（註三六）畫法紀年謂：「李唐畫法，古厚中自有生氣欲動，不必專以界畫爲工。」（註三七）

李唐之畫藝雖學從李思訓，然其秉賦既佳，歷世又深，親見徽宗朝初期之繁華世面，復體驗南宋初年離亂慘痛之生活，再加以壽享遐齡，從事藝術創作之經驗特別豐富，故其作畫之技法乃不執拘師法，而變化多端。其早期之作多屬工整秀發，晚年則傾向蒼勁率逸之風。其著色山水雅燦可愛，而水墨之作，則筆墨渾厚，神采奕奕。爲表現江山絢爛之景觀，則以泥金點苔，此乃李唐之奇創（註三八）。

至於李唐畫藝之成就，可謂有口皆碑。茲特引錄畫藝名家之言論，以誌頌其丹青偉蹟。

唐寅云：「余早歲卽寄興繪事，自薊門歸，尤爲究心，而素所嚮往取法者，唯李晞古一人。晞古爲南宋畫院中名人，至晚年筆力益壯，布置更佳，雖松年、馬遠、夏珪稱爲齊名，而亦少遜者。頃從濟之先生齋頭獲覩此卷（指村莊圖），筆法高古，景物幽閒，正其晚年用意之作。持歸臨摹浹旬，然終不能得其神似，益信古人之未易模仿也。」（註三九）

梅道人吳鎮頌譽李唐之畫藝，並述畫院狀勢，謂：「南渡畫院中人固多，而惟李晞古爲最佳，體格具備古人，若此卷（指關山行旅圖）則取法荆關，蓋可見矣。近年士人有畫院之議，豈足謂深知晞古者哉。」（註四〇）

文徵明之稱譽李唐則與其摯友同聲契認，更見其鄭重，謂：「余早歲卽寄興繪事，吾友唐子畏同志，互相推讓商榷，謂李晞古爲南宋畫院之冠，其邱壑布置，雖唐人亦未易有過之者。若余輩初學，不可不專力于斯，何也？蓋布置爲畫體之大規矩，苟無布置，何以成章，而益知晞古爲後進之準。」（註四一）

劉松年於南宋四大山水畫家之中，就朝代之秩序而言，次於李唐，而居於第二位。其繪事經歷圖繪寶鑑記稱：「錢唐人，居清波門，俗呼爲暗門劉，淳熙畫院學生，紹熙年待詔。師張敦禮，工畫人物山水，神氣精妙，名過於師。寧宗朝進耕織圖稱旨，賜金帶。院人中絕品也。」（註四二）

考諸畫史，在南宋畫院中於山水之作，最能遵奉院體工整巧麗之風格，及注重格度者當首推劉松年，而因其作畫特重格度，並能考究院體之風格，故其作畫之態度異常愼重，其作品也格外少見，但傳世者皆屬精妙絕倫之作。庚子銷夏記曾特意記述松年之可敬作畫態度，云：「劉松年畫，考之小說，生平不滿十幅。此圖四幅，作寫數年始成。今觀筆力細密，用心精巧，可謂畫中之聖者。」（註四三）顧氏畫譜則記述松年畫境引人入勝之景象，云：「錢唐劉松年筆，山皴水痕，皆有格度，繁柯密葉，蔭翳衡茅，小舟蕩漾於微波中，綽有濠濮之想。最奇絕者，遙空雁陣，疎密高下，殆將萬點，圓結似六花，散佈似八陣，遠者似游兵，似左右翼紛披。昔聞黃帝阪泉之戰，驅百鳥爲旌旗，玆圖近之矣。」（註四四）

劉松年之生世環境及人生閱歷與李唐大爲不同，松年世居錢唐，其繪畫生涯經由畫院學生不次擢昇而至待詔，並獲賜金帶之榮，故松年可謂由畫院教育「成家」之典型畫家，故難怪其作畫風格深受院體之深重影響。而因其世居江南，故所寫繪之景象全屬江南旖旎風光，諸如綠柳芳草雜花，長松灌木亭臺，鳴禽流泉幽壑，雲巒塘畔倒影，宜乎祝允明詠譽「暗門終日痼煙霞，寫得東南處處佳。」（註四五）

由於劉松年之畫藝經由畫院嚴格之訓練，又因其才資秀出，故其筆法細潤精妙，並且神氣活現，非一般學養低下之庸史所能企及於萬一。唐寅對其畫藝成就作有令人折服之評述，謂：「劉松年世家錢唐，供職南宋畫院，體格高雅，綵繪清潤，故當時論者，有劉、李、馬、夏之稱，又有氷清之譽，名實相符，信非謬也。」（註四六）

在南宋畫院中，家世淵源與畫院關係最深密者莫如馬遠，而畫藝之風格最能脫略於傳統之院畫者亦莫如馬遠。馬遠一家五代均爲繪畫名家，亦均供職於畫院，並能得帝室之優寵（註四七）。馬遠能秉承家學，集累代之精藝訣秘於一身，並能遙宗李唐，取精用宏，是以最知名於畫院，並能開創一代之新畫風，與前輩之李唐、劉松年齊名馳譽，共推我國山水畫之成就趨於巔峰，誠非偶然。

畫史會要記載馬遠之繪畫事蹟，云：「馬遠，號欽山，其先河中人，世以畫名，後居錢唐。光寧朝待詔。畫師李唐，工畫山水、人物、花鳥，獨步畫院。」（註四八）馬遠雖然是多才多藝之畫家，於畫藝無所不精，而以山水之作尤爲傑出。馬遠山水畫之所以能超乎常流，留譽千古，乃得力於善於研創其獨特風格之畫技，不論構圖布置，抑或山石之皴畫，樹枝之展布，以及水流之寫繪，均有其異於他人之獨特風貌。就其畫境之布局而言，馬遠爲表現其獨家對山水景趣之體認，因而遺略我國傳統之「全境」作畫方式，而採用「邊角」之畫法。格古要論對其「邊角」之構圖情境作有闡述，謂：「全境不多，其小幅或峭峰直上，而不見其頂，或絕壁直下，而不見其脚；或近山參天，而遠山則低，或孤舟泛月，而一人獨坐，此邊角之景也。」（註四九）因馬遠精擅布構邊角之景趣，故後人乃以「馬一角」之諺語以誌譽其獨特之創格。然後人有部分不明畫理之士譏其邊角之造境爲殘山剩水之作。其實，馬遠邊角之造境構局乃依循藝道之遞嬗演化而成之進步結晶，唐文鳳跋馬遠山水圖，對此作有極精闢之論說：「自史皇作畫，創制之法，下逮秦漢間，混樸未散，古質尚存。唐以下則人文日滋，新巧雜出，所謂『上古之畫，迹簡而意淡，中古之畫，細密而精微』也。至唐王潑墨輩，略去筆墨畦畛，乃發新意，隨賦形迹，略加點染，不待經營而神會，天然自成一家矣。宋李唐得其不傳之妙，爲馬遠父子師，及遠又出新意，極簡淡之趣，號馬半邊。今此幅得李唐法，世人以肉眼觀之，無足取也；若以道眼觀之，則形不足而意有餘矣。」（註五〇）誠然，邊角之景，若單以形象觀之，則不如「全境」圖繪之繁富豐美，然若以藝道「以小觀大，以偏概全，以虛博實，以意造境」之機趣言之，則反而令人產生無窮之奇思與逸趣。（請參閱第七章第四節）

馬遠雖然以精擅邊角之造境馳名於世，其實，其作圖之體格乃承自傳統之方法，因其興會所至偶亦布構「全境」之畫景。饒自然之山水家法對此亦曾有所說明：「人謂馬遠全事邊角，乃見未多也。江浙間有其峭壁大障，則主山屹立，浦溆縈迴，長林瀑布，互相掩映。且如遠山外，低平處略見水口，蒼茫外微露塔尖，此全境也。」（註五一）汪砢立之珊瑚網另有一則記事，謂：「評畫者謂遠多剩水殘山，不過南渡偏安風景耳，又世稱馬一角。乃此獨大幅（指鶴荒山水圖），淋漓滿志，瀑布從天而下，洄旋曲澗，波濤洶湧，水紋作孫位筆法，亭臺竹樹間幽人掀髯吟眺，山半立鶴昂然者，所云鶴荒也。」（註五二）

至於馬遠在山水畫中所表現之山巖邱壑以及樹枝柳條亦均有其獨特之風貌，格古要論云：「馬遠下筆嚴整。用焦墨作樹石，枝葉夾筆；石皆方硬，以大劈斧帶水墨皴甚古。」（註五三）山水家法亦記有類似前記之語，謂：「布境用焦筆作樹榦斗柄，樹葉夾筆。石皆方硬，以大劈斧帶水筆，樓閣用尺界畫，襯分染色，極其精明。」（註五四）西湖志餘與畫傳對馬遠畫樹之風格則有特別之記錄，前者謂：「馬遠樹多斜科偃蹇，至今園丁結法，猶稱馬遠云」。而後者則記謂：「馬遠松多作瘦硬如屈鐵狀，間作破筆，最有豐致，古氣蔚然。」（註五五）七脩類稿謂馬遠畫松是「車輪蝴蝶。」（註五六）馬遠畫樹明顯之特徵乃是其所畫之樹枝大都以瘦硬之筆勢往下方斜伸而出，並且枝條特別舒長，其伸延於空際之狀，猶如屈鐵長懸，其勢逼人，世人稱此特藝爲馬遠之拖枝。而因馬遠之拖枝於畫境中別具硬朗疎明之趣，故「拖枝馬遠」之盛譽乃不逕而走，世人論畫樹枝有四大名派，卽「丁香范寬，雀爪郭熙，火燄李遵道，拖枝馬遠」（註五七），馬遠之拖枝雖列位其末，並非表示其藝能之名次，乃是因馬遠生世最末之故。其實，馬遠畫樹之「拖枝」藝趣與其「邊角」之造境同樣馳譽於世。

馬遠之畫水亦爲國畫中之絕藝。在馬遠畫水獲至譽之前，古代以畫水得令譽者有唐人孫位及北宋名家孫白。孫位畫水必雜山石爲驚濤怒浪，蓋失水之本性，而求假於物，以發其湍瀑，是不足於水也（註五八）。畫水至孫白始叛意作簟淊浚原，平波細流，停爲瀲灔，引爲決泄，蓋出前人意外，別爲新規勝槩（註五九）。然兩孫謝世之後，畫水之妙藝遂告中絕。馬遠出，奮起繼絕之豪思，挾其靈妙之畫藝，寫繪山水十二幅，狀態各異，趣味妙出，尤以江水尤爲奇絕，迥出筆墨蹊徑之外，而韻趣四溢。王鏊對馬遠之畫水有貼切之看法。云：「山林、樓觀、人物、花木、鳥獸、蟲魚皆有定形，獨水之變不一，畫者每難之，故東坡以盡水之變，惟蜀兩孫，兩孫死，其法中絕。余觀遠所畫水，紆餘平遠，盤迴澄深，洶湧激撞，輪瀉跳躍，風之漣漪，月之瀲灔，日之澒洞，皆超然有咫尺千里之勢，所謂盡水之變，豈獨兩孫哉。」（註六〇）六姸齋筆記則認爲馬遠畫水之勝境有出於孫知微之優絕處。謂：「馬公十二水，惟得其性，故瓢分蠡勺，一掬而湖海溪沼之天具在，不徒如孫知微崩灘碎石，鼓怒炫奇，以取勢而已。」

此可與靜者細觀之。」（註六一）

綜上以觀，馬遠之山水畫藝，就其中個別項目之表現技法而言，不論山巖、樹株以及水流均有其獨特之創格；而就大局之構圖造境而言，更有其超乎前人蹊徑之新風貌，爲我國山水畫豎立起可敬之風規。

山水畫與馬遠共創「水墨蒼勁」畫風並亦精擅創營「邊角」構局之夏珪，雖然在南宋四大山水畫家之中年次殿居最末，然其藝能却有駕凌前賢之功。有關夏珪之畫藝事蹟，圖繪寶鑑記謂：「夏珪字禹玉，錢唐人，寧宗朝待詔，賜金帶。善畫人物，高低醞釀，墨色如傅粉之色，筆法蒼老，墨汁淋漓，奇作也。雪景全學范寬，院人中畫山水，自李唐以下，無出其右者也。」（註六二）雖然夏珪善畫人物，然其山水之作尤爲著名。夏珪所畫山水不設色，純以墨色染畫而成，然因其善於把握墨色之特質而作最精當之發揮，故其所完成之畫境使人有麗如染傅，五色莊嚴之美感，爲我國水墨山水畫創立最高之聲譽。（請參閱第九章第三節）

有關夏珪山水畫之表現技法，格古要論有精要之闡述：「夏珪山水布置皴法與馬遠同，但其意尙蒼古而簡淡，喜用禿筆。樹葉間有夾筆，樓閣不用尺界，信手畫成，突兀奇怪，氣韻尤高。」（註六三）雖然夏珪與馬遠共創「水墨蒼勁」畫風，亦同樣精擅「邊角」構局，山石之皴法亦有其相似之處，然所體創於畫境之格調則迥然異趣。原來夏珪與馬遠創畫之最大不同點乃在於「尙蒼古而簡淡」，因其崇尙蒼古簡淡，故作畫時乃不重視工整巧似之表現手法，僅着意於掌握物象最精妙之特點，因之其綴飾於山水畫中之人物面目，只點鑿爲之而已，衣摺柳梢，任其斷缺。至於繪畫樓閣，則不用尺度界畫，只信手寫繪，然因其運筆老練，用墨得法，故所表現之畫境，氣韻乃特別高妙。

夏珪畫藝之所以崇尚蒼古簡淡，一則爲其天性疎逸，襟度恢宏開濶，不拘謹細所致；另一更重要之原因，乃因能善於師法前賢，從古人之妙藝中擷取其精要之處，而混融於本身平素所毓養之心得，從而陶鑄出驚人之絕藝。江村銷夏錄記有夏珪善於師法前賢而增益其體格之觀點。謂：「夏珪師李唐，更加簡率，如塑工所謂減塑，其意欲盡去模擬蹊徑。而若滅若沒，寓二米墨戲于筆端，他人破觚爲員，此則琢員爲觚耳。」（註六四）夏珪之畫藝不僅師取李唐及二米之奧詣，並且遠承北宋山水大家郭熙之心法。對此，汪砢玉有一證言，謂：「家居時吳人持至一卷，夏珪所作，墨氣古勁可愛。此卷則規模郭熙，而平遠清潤，有不盡之趣。」（註六五）夏珪善畫雪景圖，繪事備考誌有夏珪傳世之雪景名作，如王恭涉雪圖、溪橋暗雪圖、千山暮雪圖、雪夜歸帆圖、雪景圖等（註六六）。而其雪景之所以有不凡之表現，西湖志餘稱其學從范寬。但因夏珪學資俱佳，故於雪景之作，亦有凌越前賢之佳蹟。抑庵集對夏珪雪景曾興發讚歎之詞：「吁嗟乎！夏珪之筆凌范寬，滿堂凜凜生晝寒；卷簾看罷重歎息，歲晏高歌行路難。」（註六七）

夏珪不僅藝能高超，而且又具有深摯之創畫熱誠，再加以其恢宏壯濶之氣量，故其作畫輒喜圖繪景物壯麗之名山巨流，如爲其所圖寫之「長江萬里圖」傳有四幅之多（註六八），其中畫幅短者卽有二丈四尺，其長者則有六丈四尺，足見其內容之繁富壯觀。而於此類長幅大圖之中，非精擅於布構圖境，則每易引起散亂失緒之後果。然則夏珪却能於褊長之畫幅中對「深高」、「深遠」之畫理作有機之精當處理，因之多有動人之佳績。方洲集對夏珪善於布構畫境之妙藝作有內行之闡述：「畫家長幅，難於深遠；褊幅，難於深高。此卷上下互見，前後相照，高低遠近，深淺大小，隱顯紆直，夷險靜躁，各得其宜，類不失一，而意趣之妙，能使觀者神游，眞所謂奇作。」（註六九）

因夏珪之藝能表現遠邁群倫，故世人對其讚頌之詞比比皆是，可謂富譽盈身。在此僅引嚴陵邵亨貞之讚譽作爲總結：「禹玉早歲專工人物，次及山水，筆意蒼古，墨氣明潤，點染烟嵐，恍若欲雨，樹石濃淡，遐邇分明，蓋畫院中之首選。」（註七〇）

四、雜畫門

畫院畫家不僅在釋道人物畫、花鳥畫以及山水畫等主要畫科中有傑出之表現，在雜畫門亦有精妙之成就，玆就南北兩宋之雜畫名家及其精藝特點範疇作概要之記述。

在宋畫院中最早以龍魚海水馳名者當推太宗朝之董羽。董羽爲毗陵人，有鄧艾之疾，語不能出，俗號董啞子。善畫龍水海魚，始事江南李煜朝爲待詔，後歸宋，任圖畫院藝學。太宗嘗令畫端拱樓下龍水四壁，極其精思。又畫玉堂屋壁海水。圖畫見聞誌特誌「董羽壁」，謂：「玉堂北壁，舊有董羽畫水二堵，筆力遒勁，勢若搖動。」（註七一）宣和畫譜則謂：「羽畫水於玉堂北壁，洶湧瀾翻，望之若臨煙江絕島間，咫尺汗漫，莫知其涯涘。宋白擊節稱賞賦詩，謂：『回眸陡覺三山近，滿壁潛驚五月寒。』」（註七二）由此可知其畫水之不凡。董羽亦曾於宋京學士院壁爲戲水龍，於開寶寺東經藏院壁爲弄珠龍，皆爲精筆，聖朝名畫評稱譽其龍水之作爲「能於其事矣！」

董羽不僅精擅畫藝，尤其可貴者，乃於繪事之餘著述畫理，以垂敎世人。曾著有畫龍輯義，闡發畫龍理法，其中強調「神」與「氣」之重要（註七三），爲我國雜畫門之畫論樹立珍貴之典範，同時亦爲畫院畫家開創著述畫論之先聲。

仁宗朝之翰林待詔任從一，亦工畫龍水海魚，其作品爲時人所推賞。圖畫見聞誌記稱任從一曾於金明池水心殿御座屏扆，畫出水金龍，勢力遒怪（註七四）。而於「論畫龍體法」條下又記謂：「畫龍唯五代四明僧傳古大師其名最著。觀其體則筆墨遒爽，善爲蜿蜒之狀。至任從一待詔之作，稍加怪怒。建隆觀翊教院玉皇殿後，是其眞迹也。」（註七五）於此觀之，則傳古大師之畫龍乃得其體，而任待詔能寫繪龍之怪怒神情，則與傳古相爲徑庭。龍之爲物，昇騰潛淵，從雲御氣，變化無方，自古以來傳爲神話，而其形體具魚蛇之態，故自往古畫家難定其形，唯龍首怪怒駭人之態，則歷久不變，此殆任待詔精心創畫成爲定格所使然。

荀信，江南人，爲眞宗朝翰林待詔，亦善畫龍水。其畫龍水之絕藝上達帝室。於天禧中嘗被旨畫會靈觀御座屏扆看水龍，妙絕一時，遂被移入禁中（註七六）。

另有畫院人，畫史誌爲郗七者，不知其名，亦善畫龍。曾於西京大內大慶殿御屏畫有拏雲吐霧龍，比宗古有筆力（註七七）。

侯宗古，本爲畫院人，宣和末因時局動盪，政府遂罷諸藝，因之乃退居於洛。畫西京大內大慶殿御屏面升龍，傑作也（註七八）。

至於以畫魚得譽者有徐白、徐易昆仲，二徐皆爲御書院藝學。二徐畫魚精密形似，綽有可觀（註七九）。

另有范安仁，錢唐人，寶祐待詔。亦善畫魚，俗呼「范獺子」。其所畫之魚，形肖生動，並能善飾水藻（註八〇）。

錢光甫（一作普），景定間待詔。專科畫魚帶景，精妙如活。其傳世之作有「桃花流水鱖魚圖」二，「唼藻魚圖」四（註八一）。

畫牛馬在雜畫門之中乃爲重要畫科，畫院畫家對牛馬之繪畫亦有極爲卓越之表現，畫院最知名之繪製牛馬大家在第四章中已曾與畫院外之名家一起討論過，玆不贅述。在此僅補述兩位名手爲畫院增色。

眞宗朝之翰林待詔卑顯，畫馬得韓幹之遺風，而筆力勁健。有「按御馬圖」、「伯樂相馬」、「秣馬」、「渲馬」等圖傳於世（註八二）。

裴文晛（亦作睍），京師人，爲仁宗朝翰林待詔，工畫水牛，骨氣老重，涮渲謹密，亦一代之佳手也（註八三）。

畫院畫家對屋木船水以及界畫亦均有優異之佳績。在此類畫科之中，院外畫士絕少作畫，而畫院畫家則多有精通此道者。一般而言，上述畫科盛行於北宋，至南宋則淪於式微，殊足可惜。玆記述名家之特藝於後。

劉文通，京師人。善畫屋木，當代稱之，眞宗朝爲圖畫院藝學。嘗被旨寫玉淸昭應宮七賢閣，兼預畫壁爲優等（註八四）。

蔡潤，鍾陵人。工畫船水，隨李煜附宋，因畫舟車圖進上，遂補畫院之職。後繪畫楚王渡江圖，均爲名作，而藏於內府（註八五）。

仁宗朝圖畫院祗候支選，工畫太平車及江州車。又畫酒肆邊絞縛樓子，有分疎界畫之功，兼工雜畫。另有道士呂拙，京師人。擅畫屋木，初爲至道中之圖畫院祗候，後因呈畫得旨，恩改爲翰林待詔，不就，仍賜紫衣。拙畫屋木絕妙，然多以人物繁雜爲累。

郭待詔，趙州人。擅長界畫，故每以界畫自矜，云：「置方桌令衆工縱橫畫之，往往不知向背尺度，眞所謂『良工心獨苦』也。不記名（註八六）。其矜誇如此，足見其界畫之工，非尋常可比。

任安，亦畫院中人，工界畫，每與山水名手賀眞合手作圖軸。其界畫工擅計度。

南宋畫院中之界畫以李從訓之養子李嵩最爲聞名。李嵩之界畫兼具工緻與高古之風趣。珊瑚網錄有一則文徵明題有關李嵩界畫之荐譽。云：「李嵩堯民擊壤圖，相傳韓滉本，爲南宋李嵩所摹。嵩在畫院最善界畫，昔人謂其折算無遺，今觀其人物，各盡態度，儼然太平氣象，信乎非滉不能作，非嵩不能摹也（註八七）。

南宋山水名家馬遠與夏珪亦精擅界畫，然因其山水畫之盛譽遠蓋其界畫之功，故不以界畫名世，然細心於畫史著錄者亦能溯數其能。王士正香祖筆記卽有獨具隻眼之認定，云：「畫家界畫最難，如衞賢

、馬遠、夏珪、王振鵬，皆以此專門名家。」（註八八）

畫院畫家人才濟濟，而又各擅其能，然因畫院訓練生徒作畫之規矩，在初步階段較注重形似與格法，故影響所及，界畫乃被格外重視。因之，畫家對界作乃特別用心創畫，亦有令人愛重之成果。畫繼對此亦特意記述：「畫院界作最工，專以新意相尚」，由此可見界作在畫院中之熱門。

綜上以觀，畫院畫家在繪畫藝術方面，不論釋道人物、山水、花鳥以及雜畫諸畫科咸有輝煌之成就。就其創畫之內容而言，可謂繁富多端，美不勝收。就創作之題材言之，則凡世上可以採繪之事象多爲畫家資筆之材料。就表現之風格而論，則畫家各運靈思，或以高古爲宗，或以新穎臨世，或以工緻爲尚。就表現之技法論之，或謹守法度，以工整巧似爲能，或變易傳統之舊習而轉化爲簡逸之風規。以格趣觀之，或爲金碧晃耀，艷麗壯觀，或爲疏淡無華，雅致而豐神。總之，畫院畫家表現於畫藝之總成果而言，則達於「無物不畫，無畫不美，無美不臻」之境界，故宋代畫院之繪畫藝術成就，吾人應特別加以維護與珍視。

在闡述畫院繪畫成就之後，吾人應對宋朝畫院之輝煌成就作一正面之認定與積極之維護。因爲，以往部分對畫院繪畫藝術缺乏總體認識之人士，對畫院藝術成就存有偏頗之成見，認爲「院畫」均屬「格低」而少有藝術價值，其影響所及，後世不明藝理而又對畫院不作整體研究之人士，乃以部分前人之成見、偏見作爲評事之金科玉律，以訛傳訛。因衆口鑠金，積非成是，致使畫院之偉大藝術成就恒被世人所誤會、所忽視甚或慘被詆譏，殊足深憾！

考察畫院繪畫藝術之所以被後世所忽視之主要影響力，有以下數端：其一爲受北宋中期以後喜愛畫藝文士之思想之影響。其二爲受明、清宗派論說之影響。其三則受記載不實之著錄所影響。爲使事理之眞相大明於世，茲按前後之秩序列述於後。

㈠宋代以畫院爲中心所推展之寫實風格雖能獲至極高之藝術成就，然因畫院之畫家大多務意於精整富艷之格調，遂被一般喜愛簡淡放逸之文士及畫論家所詆毀，譏諷畫院之畫師爲畫工，而其作品則被視爲「無足取也」之低格。此種賤視畫院人物，以及無視院畫成就之情況初爲少數文士倡言，後遂變爲一股強大之反院畫勢力，私心自用，而竟至演變爲不顧事理之黨同代異。在北宋中期以後對「院畫」風格作不利之攻訐者當首推米芾。米芾本身才資卓傑，對藝術之見解常別出新意，對當代或前輩畫家之成就提出強烈評論，其所闡發之諸多論點固有其益人範世之貢獻，然其中間或有「過中」之言論，而在「過中」之言論中，尤於對畫院畫家之譏評爲最，如對繪畫成就擅名於時之北宋名家崔白、侯封、馬賁等輩之作品，譏其僅能「汚壁茶坊酒店」。而對黃筌之畫藝認爲「雖富艷皆俗」、「黃筌畫不足收」。因宋初院畫競藝乃以黃家體格爲程式，故其賤視黃筌，實際上乃是欲以黃筌爲射鵠，而借題反對「金碧晃耀，格法森嚴」之院體畫派。而其譏評院畫風氣一開，遂爲明清宗派論者作爲攻擊院派藝術成就之張本。

被尊奉爲宋朝文學泰斗之蘇東坡其評畫之態度，雖不若米芾之目無前輩（註八九），予智自雄，作過中失實之言論，以壓詆天下名士，然偶亦有黨吾私見，凡文藝之士所圖寫之畫藝，大都以美詞誇讚之，而一般較無翰墨修養之畫家所繪圖像，或有失恕之評。而影響最爲深重者乃是其所提出之評畫見解，

「觀士人畫，如閱天下馬，取其意氣所在」（註九〇），影響所及，無形中成爲宋朝文豪論畫之共同心聲。宋代士夫論畫之所以重「意氣」，乃在側重文人之思想，欲以意造理，藉理生韻，而使繪畫藝術邁進一淸新幽淡之境界。此種行爲原爲極富意義之事，然以後此種流風却轉變成爲形式主義，所謂文人畫家者其作畫與論畫，一味以文人之逸思戲筆爲重，而對畫院高手所經營之精整華嚴、豐美神妙之作品，則故予不雅之說詞，同時對畫院中低劣之畫手，或不合己意之畫風，則痛加訾責，實大失公允。

㈡如所皆知，在畫學方面首倡南北分宗者爲明代之莫是龍與董其昌，莫、董二氏生世相近，亦同籍里，所論分宗之見解亦極近似，甚或大部分分宗說法之主要見解與文詞均雷同錄列於兩家之文獻中，雖然部分後代畫史家認爲畫學南北分宗說之首倡者應歸莫是龍，但就此一思潮之鼓動而言，董氏亦應居於共通唱和之主導者。茲引錄莫、董二氏南北分宗之主要文詞作爲證言。

禪家有南北二宗，唐時始分。畫之南北二宗，亦唐時分也，但其人非南北耳。北宗則李思訓父子著色山水，流傳而爲宋之趙幹、趙伯駒、伯驌以至馬夏輩。南宗則王摩詰始用渲淡，一變鉤斫之法，其傳爲張璪、荆、關、董、巨、郭忠恕、米家父子，以至元之四大家，亦如六祖之後，有馬駒，雲門、臨濟兒孫之盛。而北宗微矣。要之摩詰所謂雲峰石迹，逈出天機，筆意縱橫，參乎造化者，東坡贊吳道子、王維輩畫壁亦云：「吾於維也無間然。」知言哉！（註九一）

董其昌於文人畫條下之說詞如後：

文人之畫自王右丞始，其後董源、巨然、李成、范寬爲嫡子，李龍眠、王晉卿、米南宮及虎兒，皆從董巨得來，直至元四大家，黃子久、王叔明、倪元鎮、吳仲圭，皆其正傳，吾朝文沈，則又遠接衣缽。若馬夏及李唐、劉松年，又是大李將軍之派，非吾曹當學也（註九二）。

就以上所錄之文詞觀之，其分宗說與文人畫之主旨乃在強調南宗畫藝之優越，而認爲北宗爲不足學之劣格，爲強調其主觀之見解，乃不顧客觀事理之存在，多方拉扯其私自喜愛之人士歸屬南宗與文人畫家之陣營，而對其偏憎之畫家則置於北宗之列。而因其不顧客觀事理而僅以私意爲憑，故其論說，牽強附會之處所在多有，以致引喻失義，自亂理路。有關莫、董之畫學分宗說與董氏之文人畫見解，近人多有不服其霸悍偏差之論說而據理力爭，其中尤以滕固、徐復觀及莊申等學者均撰文駁斥，故不再贅述。

在此特別一提者乃是莫、董二氏不論其所倡論之南北分宗說抑或文人畫派，其主要之用意乃是明藉分宗爲護符，實則暗中在打擊、排斥、賤視較無文墨涵養之職業畫家，尤其是宮廷畫師更是其壓詆之對象。因董氏名勢炫赫，經其呼倡斯論，此後不甘寂寞而又不深究理氣之文士，乃群依莫、董之旨義肆發黨同伐異之論調，於是，畫院之畫藝乃被後人所輕視。

馬夏及李唐、劉松年等畫藝精絕之畫院畫家，所以被宗派論者指認爲北宗，而加以譏詆排斥，其主要原因，清朝李修易曾於析論士人作畫何以必推尊南宗之見解中剴切指稱：「北宗一舉手即有法律，稍覺疎忽，不免遺譏，故重南宗者，非輕北宗也，正畏其難耳，約略舉之，如山無險境，樹無節疤，皴無斧劈，人無眉目，由淡及濃，可改可救，赭石螺青，只稍輕用。枝尖而不勁，水平而不波，雲漬而不鉤，屋樸而不華，用筆貴藏不貴露，皆南宗之較便也」。（註九三），其後，李修易氏似感語猶未盡，對所謂南北宗應有合理之評估與認識，故又以穩重而持平之態度，諄諄申言：「宋漫堂云：『近世畫家，專尚南宗。』而置華原營邱洪谷河陽諸大家，是特樂其秀潤，憚其雄奇，予未敢以爲定論也。不思史中遷固，文中韓柳，詩中甫愈，近日之空同大復，不皆北宗乎？牧仲善畫，精鑒別，其持論如此，眞得飲水思源之義，足振聾聵，余深服之。然吾恐今之渴筆儉墨，論作解人，而自鳴得意者，皆掩耳而急走矣。」（註九四）

吾人於李修易氏之精闢言論中已可窺知所謂南北分宗及文人畫家所標榜之眞實底蘊，因之，吾人對宋朝畫院之名家而被指認北宗而又屢受宗派論者所擯斥者，應重新給予應有之令譽，同時對畫院創畫之高格者均應一律加以珍視。

㈢後人對宋畫院之藝術成就往往受某些斷代之畫史及記載不實之著錄所影響，因之，多有因斷章取義而誤會全盤事象者，或因著錄者見聞之所拘限而作與實情相悖之記述，其影響所及，使不作專門研究之後人普遍受其不確實之記述所感染，以致以訛傳訛，陷可貴之美事於不彰，誠屬我國美術史之不幸。茲願以管見所及，披露有關之事理於後。

畫繼爲鄧椿「以當代之人記當代之藝」之畫史名著，其內容蒐羅之賅備與持論之平允，實有令人感佩之處。惟因其所記之事象爲時不長，該書起自熙寧七年而止於乾道三年，其間固多蓋棺論定之事象，然亦有初奠其基，其後果必俟日後較長之經營醞釀方能有定評者。有關前者事象之記述，畫繼可謂做到鉅細靡遺，信而有徵。惟後者部分之記述僅屬片斷之觀感，以致與日後事態之演變未能契合，甚或大有脫節之處，其中最主要之類似記事當數其對畫院考試繪畫體格之記述，與以後事體之演變最有出入。在其「論近」文中記謂：

圖畫院四方召試者源源而來，多有不合而去者。蓋一時所尙專以形似，苟有自得，不免放逸，則謂不合法度，或無師承，故所作止衆工之事，不能高也（註九五）。

宋朝圖畫院之召試畫師，應考者極爲踴躍，考期一至，四方善畫者麕集於京城，以參加畫學考試，固爲一不爭之事實。而鄧椿認爲畫學考試專尙形似或必合法度則與正史所載大有出入。馬端臨文獻通考四二記謂：

畫之等以不仿前人，而物以情態形色，俱若自然，筆韻高簡爲工。

宋子兪記試畫工形容詩題則有更具體之述說：

徽宗政和中建設畫學，用太學法補試四方畫工，以古人詩句命題，不知掄選幾許人也。嘗試「竹鎖橋邊賣酒家」，人皆可以形容，無不向酒家上著工夫，唯一善畫但於橋頭竹外挂一酒帘，書酒字而已，便見酒家在竹內也。又試「踏花歸去馬蹄香」，不可得而形容，何以見得親切。有一名畫克盡其妙。但掃數蝴蝶飛逐馬後而已，便表得馬蹄香出也，果皆中魁選。夫以畫學之取人取其意思超拔者爲上，亦猶科擧之取士，取其文才角出者爲優，二者之試雖下筆有所不同，而於得失之際，只較智與不智而已（註九六）。

由文獻通考與子兪記述有關宋畫院畫學之考選事蹟觀之，顯然畫院之考選生徒並非專尙形似與重視法度，或講究師承，而是注重創格之才思，講究筆情墨趣之表現，以自然爲法，以高簡爲工，以意思超拔脫俗爲上。而一般人談論院畫風格必以重形似，尚格法，講師承乃是深受鄧椿見解之影響，可見單憑一家之見解不足全信，然後世大都不明就裏，以非爲是，以偏概全，甚至倒果爲因。設若畫院之畫風必重形似，而專尚格法，則院畫風格何以會因時會之不同與大匠之出世而畫風時生蛻化變異？白描畫法，飛白筆法，大落墨，減筆畫與水墨蒼勁派何以相繼勃興於院畫之中？南宋四大家及馬和之、李嵩等奇逸之畫格何以會新意迭出，而又受帝室之恩寵？（註九七）而由畫院授職爲畫學博士如米芾與宋子房之人選言之，兩者之畫風，一爲極盡灑脫之能事，其筆墨迥出古人蹊徑之雲山創格者，另一其體格被蘇東坡譽論爲不古不今，稍出新意，有俊發氣味，眞士人畫。由畫院畫學之高級執事者之畫格觀之，亦可推知畫院之取士並非如鄧公壽所倡言之重形似、尚格法、講師承。鄧公壽之論點可能之解釋，當爲當時有部分應考者其畫格太過狂逸放肆，雖有創意，然格怪而才疏，難表畫藝之精韻，如此粗劣之藝能，當然「多有不合而去者」。而其中或有才思超拔，文才角出，然藝能尚可者。畫院爲造就其成爲「學」、「術」俱佳，以達「精妙通神」之絕藝，乃錄入畫院，施以必要之再教育。經畫院教育出來之畫家因各人資質之互異，及學藝態度之不同，故所表現之成績自難能一致，其中容或有少數庸手厠身其間，然由有關之畫史與各家著錄觀之，畫院所培植出來之畫家多屬精能之輩，而尤足稱道者，各朝輒有大家巨匠出世，遂把我國傳統之畫藝引領至更豐美、更高雅之境界。以此觀之，宋代畫院對我國繪畫藝術之貢獻可謂鉅矣。

附註

一：見厲鶚「南宋院畫錄」卷一，頁四，何良俊「四友齋叢說」條。
二：同前註書卷頁，見董其昌「畫禪室隨筆」條。
三：同前註書卷頁五，見「偃曝餘談」條。
四：同註一書卷頁，見王世貞「藝苑巵言」條。
五：見「中國畫論彙編」頁一八，郭熙「山水訓」文中謂：「凡一景之畫，不以大小多少，必須注精以一之，不精則神不專，必神與俱成之，神不與俱成，則精不明，必嚴重以肅之，不嚴則思不深，必恪勤以周之，不恪則景不完。」
六：同註一書卷，頁二，朱壽鏞「畫法大成」謂：「宋畫院衆工，必先呈稿，然後上眞，所畫山水、人物、花木、鳥獸，種種臻妙。」
七：郭若虛「圖畫見聞誌」卷四頁六〇，見崔白條。
八：清聖祖敕撰「佩文齋書畫譜」頁三七一，見劉道醇「聖朝名畫評」王靄條。
九：同前註書，頁三七二，見趙光輔條。
一〇：同前註書，頁一〇六八，見高益條。
一一：同前註書，頁三七二，見「聖朝名畫評」高益部分。
一二：同前註書頁，見王道眞部分。
一三：同註一書，卷三，頁四一，見「書鑑」條。

一四：同前註書卷，頁五二，見黃鶴山人王蒙語。
一五：同前註書卷頁，見文徵明題語。
一六：同註一書，卷二，頁三一，見夏文彥「圖繪寶鑑」誌蘇漢臣條。
一七：同前註書卷頁，見「畫鑑」條。
一八：「宣和畫譜」卷，頁九九，見「山水敍論」。
一九：楊愼「畫品」，見「燕家四時景」條。
二〇：同註八書，頁三七三，見「聖朝名畫評」文貴部分。
二一：同註一八書，卷一一，頁一二一，見陳用志條。
二二：鄧椿「畫繼」，見陳用之條。
二三：同註八書，頁三七三，見「聖朝名畫評」陳用志部分。
二四：同註七書，卷四，頁五三，見高克明條。
二五：同註一八書，卷一一，頁一二二，見高克明條。
二六：同註八書，頁三七三，見高克明部分。
二七：同註一八書，卷一一，頁一二五，見屈鼎條。
二八：同註七書，卷四，頁五四，見郭熙條。
二九：同註五書，頁一九，見郭熙「山水訓」文中，謂：「大山堂堂，爲衆山之主，所以分布，以次岡阜林壑，爲遠近大小之宗主也，其象若大君赫然當陽，而百辟奔走朝會，無偃蹇背却之勢也。長松亭亭，爲衆木之表，所以分布，以次藤蘿草木，爲振挈依附之師帥也，其勢若君子軒然得時，而衆小人爲之役使，無憑陵愁挫之態也。」宣和畫譜據此以言：「不特畫矣，蓋進乎道歟！」

三〇：兪劍方「中國繪畫史」上冊，見一七六頁。
三一：「中國名畫家叢書」，見三四九頁。
三二：同註二二書，卷六，頁四七，見王可訓條。
三三：同註一書，卷二，頁二一，見「續書畫題跋記」條中。
三四：夏文彥「圖繪寶鑑」卷四，頁一〇〇，見李唐條。
三五：同註一書，卷二，頁七，見饒自然「山水家法」條。
三六：同前註書卷，頁八，見「格古要論」條。
三七：同前註書卷，頁二三，見「畫法紀年」條。
三八：同前註書卷，頁二四，見「西陂類稿」條中。
三九：同前註書卷，頁一四，見唐寅識李晞古「村莊圖」文中。
四〇：同前註書卷，頁一八，見梅道人吳鎮語。
四一：同前註書卷頁，見「寶繪錄」文中。
四二：同註三四書卷頁一〇三，見劉松年條。
四三：同註一書，卷四，頁七七，見「庚子銷夏記」條。
四四：同前註書卷，頁八九，見「顧氏畫譜」誌李引昌劉松年畫跋文中。

四五：同前註書卷，頁八六，見「祝京兆集」誌祝允明題家藏劉松年小方詩。

四六：同前註書卷，頁八一，見唐寅之題文。

四七：馬遠之曾祖馬賁曾爲宣和畫院待詔，祖父馬興祖爲紹興待詔，伯父馬公顯、父親馬世榮並爲紹興畫院待詔，兄馬逵亦以畫名世，然不入畫院，馬遠本身則兼歷光宗、寧宗二朝畫院之待詔，其子馬麟則爲寧宗朝畫院祗候。

四八：同註一書，卷七，頁一三五，見「畫史會要」條之記述。

四九：同前註書卷，頁一三五，見「格古要論」之記述。

五〇：同前註書卷，頁一五一—二，見「西湖志餘」文。

五一：同前註書卷，頁一三五，見饒自然「山水家法」條。

五二：同前註書卷，頁一五五，見珊瑚網誌馬遠「鶴荒山水圖」。

五三：同前註書卷，頁一三五，見「格古要論」條之記述。

五四：同前註書卷頁，見「山水法」條。

五五：同前註書卷，頁一三六，見「書傳」條。

五六：同前註，見「七脩類稿」條中。

五七：同前註，見「珊瑚網」所錄。

五八：同註五書頁六五四，見董逌「書孫白畫水圖」文中。

五九：同前註。

六〇：同註一書，卷七，頁一四六，見王鑒題文。

六一：同前註書卷，頁一四八，見「六研齋筆記」條之記述。

六二：同註三四書，卷四頁一〇四，見夏珪條。

六三：同註一書，卷六，頁一一九，見「格古要論」記述。

六四：同前註書卷，頁一三〇，見「江村銷夏錄」記述條。

六五：同前註書卷，頁一三一，見「珊瑚網」誌夏珪「長江萬里圖」文中。

六六：同前註書卷，頁一二〇，見「繪事備考」所錄之畫蹟。

六七：同前註書卷，頁一二六，見「抑庵集」所錄之文。

六八：㈠「續書畫題跋記」誌：夏珪「長江萬里圖」，長二丈四尺，絹墨如新。

㈡「御製文集」載有：明太祖高皇帝跋夏珪「長江萬里圖」。其跋中有云：「……若此者，非工夫一日以成其圖也。斯萬里也，造次不節，逡巡不成；……」。該圖雖不載明畫幅之長度，然於明太祖之跋文中，亦可想見其必屬巨幅壯觀之傑作。

㈢「江村銷夏錄」載有：夏禹玉「長江萬里圖卷」，絹本，高七寸許，長三丈三尺餘，水墨畫。

㈣「珊瑚網」載有：夏珪「長江萬里圖」，長六丈四尺，在絹。

六九：同註一書，見卷六，頁一三二。

七〇：同註一書，見卷六，頁一二九。

七一：同註七書，卷六，頁八七，見「董羽壁」文中。

七二：同註一八書，卷九，頁九五，見董羽條。
七三：見「中國畫論類編」頁一〇一八，董羽「畫龍輯議」文中謂：「畫龍者得神氣之道也。神猶母也，氣猶子也，以神召氣，以母召子，孰敢不致？（下略）。」
七四：同註七書，卷四，頁六四，見任從一條。
七五：同註七書，卷一，頁一三，見畫龍體法文中。
七六：同註七書，卷四，頁六四，見荀信條。
七七：同註二二書，卷七，頁五六，見郗七條。
七八：同前註書卷，頁五五，見侯宗古條。
七九：同註七書，卷四，頁六五，見徐白、徐易條。
八〇：同註一書，卷八，頁一七一，見范安仁條。
八一：同前註書卷，頁一七六，見錢光甫條。
八二：同註七書，卷四，頁六二，見卑顯條。
八三：同前註書卷頁，見斐文睍條。
八四：同前註書卷，頁六五，見劉文通條。
八五：同前註書卷頁，見蔡潤條。
八六：同註二二書，卷七，頁五七，見郭待詔條。
八七：同註一書，卷五，頁一〇五，見文徵明題李嵩「堯民擊壤圖」。

八八：同註一書，卷一，頁七，見王士正「香祖筆記」條。

八九：同註七三書，頁一一六，王世貞「藝苑巵言論畫」文中有謂：「畫家中目無前輩，高自標樹，毋如米元章，此君雖有氣韻，不過一端之學，半日之功耳。（下略）」王世貞上述之言論，可謂我國畫史上對米芾目無前輩之最大反擊者。

九〇：同註八書，頁一一〇三—四，見宋子房條中蘇東坡跋漢傑畫謂：「觀士人畫如閱天下馬，取其意氣所到；乃若畫工往往只取鞭策毛皮，槽櫪芻秣，無一點俊發，看數尺許便卷（倦），漢傑眞士人畫也。」

九一：同註五書，頁七五，見董其昌「畫旨」文中。

九二：同前註書，頁七六。

九三：同註七三書，頁二六九，見李修易「小蓬萊閣畫鑑」文中。

九四：同前註書，頁二七四。

九五：同前註書，頁八一，見鄧椿「論近」文中。

九六：同註八書，頁三三〇—一，見宋子俞記「試畫工形容詩題」文。

九七：請參閱拙著「兩宋畫院之研究」第三章兩宋院畫風格之剖析。

第七章　宋代繪畫創格之大觀

吾人如把宋朝繪畫藝術之整體比喻為一棵生機暢茂之巨樹，則為宋畫家所體創出來之各種美妙風格，當可喻之為朵朵璀璨綺麗之花葩。誠然，為宋代畫家所創發之諸多珍貴新風格，既豐麗又明燦，於我國繪畫史中留下不朽之盛譽。為述說方便計，茲逐一申述其原委及概述其對後代之重大影響。

第一節　李公麟之白描畫

我國道釋人物畫至唐代因時會之所趨，而臻達鼎盛之極峰，五代之後，由於佛教式微，往昔專作釋道畫之寺壁亦隨之銳減。至趙宋，道釋人物畫風乃因時代先後之別而分為二期，自乾德之後至神宗以前為一期，此期名家之畫風多承緒於吳道子之餘蔭，或直師其法，或陰習其要，如被劉道醇評為神品上之王瓘，其畫藝之成就乃學北邙山老子廟壁吳生所畫之遺跡而來（註一）；被評為神品中之孫夢卿則倡言

「吾所好者吳生耳，餘無所取」，故盡得吳生遺法，里中目為孫脫壁（註二）；被列為神品下之趙光輔，其技法雖有別創，然其地獄變相之作，則應取資吳生，殆無疑義；以才藝冠絕一時，而被太宗委以訪求名藝，詮定名目之高文進，乃綜攝曹吳之長；至若安定人侯翼，則以夙振吳風為其畫佛道人物之初志，於此可知吳道子道釋人物畫於此期影響之大。至神宗後，因其銳意刷新政治，改革社會風氣，因之，連帶波及藝壇創畫之思潮，畫風於焉丕變，道釋人物畫則明顯轉入另一期。而李公麟則為後期之執巨纛者。

李公麟出，抱不世出之奇才，懷高逸之素養，復受佛教禪宗思想之洗禮，於畫藝之作遂能另啓法旨，棄置我國道釋畫自曹衞顧陸以來採用彩繪之傳統方法，並體認吳生「落筆雄勁，而傅彩簡淡」之畫風，猶不能盡脫鉛華飾色之陳迹，難以直抵清眞潔素之靈妙機趣，因之，乃進一步變吳裝而為白描，至此，乃把我國自古以來一向重視色相工麗之道釋人物畫，引領至另一僅注重筆墨意趣之空靈雅素之妙境。

論者或謂白描之畫法非始於李伯時，而首創於吳道子。名畫論記謂：

> 景玄每觀吳生畫，不以裝背為妙，但施筆絕蹤，皆磊落逸勢。又數處圖壁，只以墨蹤為之，近代莫能加其彩繪。凡圖圓光，皆不用尺度規畫，一筆而成。

如所皆知，白描畫法乃是作畫僅以墨筆描畫物象，既不用墨暈烘染，亦不施彩飾色，而論中所謂「只以墨蹤為之」即為白描畫法。而如論中所記，或可追認白描畫法濫觴於吳道玄，然則筆者却對此持有異論。一則吾人僅憑如此片斷之「只以墨蹤為之」之記載，無法獲知其墨蹤所施為之程度如何，墨蹤之跡，究竟表現到何種效果，是否含有「水墨暈障」之表現技法在內，若然，則不足以言純粹之白描，故此一論說猶有待加以作深入之研究。再者，由吳道子之特有畫風「傅采於焦墨痕中，略施微染，自然超出縑素，世謂之吳裝」（註三）之貫常風格中，可知「傅采於焦墨痕中，略施微染」之設色畫仍爲吳道子畫法之主流，而「只以墨蹤爲之」之作風，恐或爲粉本之用（雖則吳道子少用粉本，如玄宗令其作嘉陵江山水）（註四），或一時雅興所起，偶爲戲筆之作，然終非其畫藝恒常之本色。再者，吳道子時期「只以墨蹤爲之」之所謂「白描」者，其表現之體格與韻致顯非李公麟之僅以勻整素秀之水墨線條所描畫而成之純粹白描畫藝，當爲可理解之現象。

在此，吾人無意定欲否定白描畫法之始創於吳道子之說法，然由前面之申述中，吾人至多僅能承認吳道子爲「白描」畫法之始作俑者，其白描之表現亦僅止於濫觴萌芽之階段。至於白描格式之底定成型，進而運藝成風，使白描畫法正式獨標異幟於藝林之中，而大放異彩於來茲，使白描畫堂堂進入國畫之偉壯領域中，則應歸功於李龍眠創運播揚之功。

如前所述，我國道釋畫自古以來咸以工麗着色爲尚，故如曹衞顧陸等名家巨匠之製作均宗彩繪之傳流技法，至吳道子出，則以雄健之墨筆，挾以簡略之飾采，已具突破前賢之遺法。而李龍眠道藝雙修，匠思不匱，於畫藝之作，乃不稍憑假青綠朱粉之襯飾刻畫，而僅以高雅超逸之筆墨，依物象特有之形質，輕描淡寫，而具畫藝神韻之極致，道釋人物畫，至此，則進於「唯道集虛」及「色卽是空，空卽是色，色不異空，空不異色」之神妙化境。

伯時因道藝兼修，其白描畫法遂能攝聚衆美，故藝林多士翕然景從。伯時生逢北宋季世，因受時局不穩之影響，當時傳習其技法者僅有顏博文、喬仲常及僧德正等數人而已。至宋室南渡之後，一般士大夫及嗜愛畫藝人士，一則眼見時局之變異，家國之不寧，一則深受理學之影響，故無論作畫與賞畫輒厭棄濃麗采繪，轉而喜愛清眞雅淡之作。龍眠白描畫風正應此時會之機運，故師法其技，承其衣缽者幾至難以指數，要而言之，幾凡南宋之習畫道釋人物者無不霑承龍眠白描畫技之流澤。如賈師古、梁楷、蘇漢臣、僧梵隆、揚補之及李從訓等人均爲龍眠居士之白描傳人。

第二節 徐崇嗣之沒骨圖

宣和畫譜之花鳥敍論中，對花鳥畫之所以作興之原因謂：「……固雖不預乎人事，然上古采以爲官稱，聖人取以配象類，或以著爲冠冕，或以畫於車服，豈無補於世哉。故詩人六義，多識於鳥獸草木之名，而律歷四時，亦記其榮枯語默之候；所以繪事之妙，多寓興於此，與詩人相表裏焉。」（註五）花鳥之姿象彩色自古以來經聖人之采配於民生，而用輔於世道，復受詩人之寓興吟咏，因之，喜愛之情，感染畫家，而作畫花鳥之風氣於焉漸播漸盛，表現之技法亦與時俱進。

花鳥畫經歷代之創演，播揚至五代南唐與西蜀，於繪畫風氣與畫技兩方面同時均有長足之進境，趙宋繼五代之後，以左文右武爲治國之方針，一開國卽能重視藝術，開設畫院，招攬畫家，南唐與西蜀之花鳥名家幾盡入畫院，因之，北宋畫院興設之始，花鳥畫卽有蓬勃發展之氣象。而因黃筌及其子居寀之「富貴」體格適於宮廷之觀瞻，故被採爲初期「院體」之標準，而院外則以專擅「野逸」風格之江南布衣徐熙，抱淸高之志而鳴高於野。

其後，在風格上重骨法用筆，工勾勒，尙穠艷設色之黃家畫藝乃大行其道，其聲威不僅獨罩畫院，而其流風亦波及當時整個藝壇，而重骨氣風神，落墨以寫枝葉蕊萼，傅色淡雅之徐家野逸畫風，則僅爲少數人品及文墨修養較高者所宗法。徐崇嗣，熙之孫，陰承乃祖之藝能，於草蟲、時果、花木之作綽有祖風。然崇嗣才資秀異，胸臆坦豁，於畫藝之習，並不專徇私情，無囿於成見，博採諸家之長，兼資黃家傅彩之妙，演成一藝之精，刱造新意，不華不墨，卷直叠色漬染，號「沒骨花」。（註六）至此，乃爲我國花鳥畫之畫風增添一可愛之新風俗，並爲趙宋開基以來，所流行之「院體」花鳥畫風作一嶄新之突破。

所謂「沒骨畫」乃是作畫不用濃墨鈎勒輪廓，而僅以朱粉暈染成畫，換言之，卽捨棄以墨爲骨，而對於畫境對象之描繪則僅以彩色暈染而成之一種獨特畫法。話雖如此，但有關「沒骨」之陳義，歷代各家著錄之持論則各有不同，近人呂佛庭氏對此蒐硏闡釋最爲精詳，爲使其義大明於世，並宏揚「沒骨畫」湮遠之幽光，不得已，附驥呂氏之後，擇要贅述之：

㈠宋郭若虛圖畫見聞誌「沒骨圖」條云：

李少保端愿有圖一面，畫芍藥五本。云是聖善齊國獻穆大長公主房臥中物，或云，太宗賜文和、其畫皆無筆墨，惟用五彩布成。旁題云：翰林待詔黃居宷等定到上品。徐崇嗣畫「沒骨圖」，以其無筆墨骨氣而名之，但取其濃麗生態以定品，後因出示兩禁賓客，蔡君謨乃命筆題云：「前世所畫，皆以筆墨爲上，至崇嗣始用布彩逼眞，故趙昌輩倣之也。」愚謂崇嗣遇興偶有此作，後來所畫，未必皆廢筆墨，且考之六法，用筆爲次。至如趙昌，亦非全無筆墨，但多用定本臨摹，筆氣羸懦，惟尚傅彩之功也（註七）。

㈡宋沈括夢溪筆談云：

崇嗣創造新意，不華不墨，卷直疊色漬染，號沒骨花。

㈢元夏文彥圖繪寶鑑云：

徐崇嗣，熙之孫，畫花鳥，綽有祖風；又出新意，不用描寫，止以丹粉點染而成，號沒骨圖。以其無筆墨骨氣而名之，始於崇嗣也（註八）。

㈣清方薰山靜居畫論云：

寫生家不用墨筆，惟以彩色渲染者，謂是徐熙沒骨法。據宣和畫譜云：畫花者往往色暈淡而成，獨熙落墨以寫其枝葉蕊萼，然後傅色，故骨氣風神，爲古今之絕筆云云。由此觀之，沒乃墨之訛耳。或謂熙子崇嗣畫芍藥名沒骨華，究不知其本意也（註九）。

郭若虛、沈括、夏文彥及方薰四家均爲我國古代著名之畫史、畫論家，其立說論見均極能影響視聽而左右人心。觀乎以上四家對「沒骨畫」均特意介述，足見「沒骨畫」風格具有令人雅愛之美點及表徵不同陳法之特色。於四家之中，前三家對「沒骨法」所標介之意義，其說詞容或不盡相同，然其意旨則一致。其中尤以郭若虛游心於畫藝而無稍旁鶩，專志於畫史之研撰，對畫蹟考究勤篤，故其畫史之作多屬信而有徵，其對「沒骨圖」之介述則特立條目，足見其鄭重。沈括之夢溪筆談約成於西元一〇七〇年前後，其對「沒骨圖」風格之介說，似無可能襲掠郭若虛之說法（因郭氏之圖畫見聞誌約成於一〇七四年，晚夢溪筆談約四年），由此可見沈氏對「沒骨圖」亦具有深入之「眞知灼見」。至於元朝夏文彥因其時代繼於宋朝之後，故對「沒骨圖」之解釋則可能紹承沈、郭二氏之意旨，但說詞則甚爲明確。

吾人觀乎以上三家之說法，本不必再對「沒骨圖」之創藝者及其意義多所置喙，然因清朝方薰對「沒骨圖」之演創及命意持「翻案」之異論，而又因方薰人品高潔，爲清朝之名士，與錢塘奚鐵生岡，爲世人並譽爲浙西兩高士。至其詩畫之造詣，爲時所重，尤其其畫論之精闢獨到，輒爲多士所翕服，爲恐其對「沒骨圖」錯誤之說詞導致混淆視聽之後果，遂多假文筆，以正其僞訛之處。

據方薰首先謂「沒骨法」創於徐熙，並肯定稱述「沒乃墨之訛」，而其所引爲證說者，惟依宣和畫譜徐熙條之記述，並未溯查較宣和畫譜更前期之沈、郭兩家之記述，猶有甚者，乃錯置前後之文義，而作「以訛傳訛」之言論，擅改文義，認爲「沒乃墨之訛」，以求自圓其說。而且錯認爲崇嗣乃徐熙之子。其實，崇嗣乃熙之孫，熙子名不傳於史籍。有關崇嗣之藝能事蹟劉道醇之聖朝名畫評，及宣和畫譜均有類似之記述，而兩部書亦均明白記述崇嗣爲熙之孫。由此可知方薰對「沒骨圖」之創作者及其風格意義之論述均屬「無稽之談」。

第三節　米家之雲山

明董其昌才德並隆，藝能出衆，眼界高超，對於古往今來畫藝之品評，具有影響視聽之威重力量。董氏對文人畫家自王右丞始，至明朝文徵明、沈周，其中之名家如宋朝之董源、巨然、李成、范寬、李龍眠、王晉卿，直至元四大家黃子久、王叔明、倪元鎮、吳仲圭等巨匠均加推崇，而歸列南宗，藉以與較少文墨修養之專門職業畫家如李思訓、李昭道（非職業專家）李唐、劉松年、馬遠、夏珪等所謂北宗陣營相對立。然對其所謂南宋諸家僅作浮光掠影之表荐而已，而獨對米家父子之畫藝成就則刻意作深入之稱頌：

米元章作畫，一洗畫家謬習，觀其高自標置，謂無一點吳生習氣。又云「王維之跡，殆如刻畫。眞可一笑」蓋唐人畫法，至宋乃暢，至米家又變耳（註一〇）。

畫至二米，古今之變，天下之能事畢矣（註一一）。

觀乎董其昌之極譽米家畫藝，自非其以意氣歸到南北二宗者可比，而是經由較嚴肅思辨之歷程所獲得之灼見。此可由董氏之歷溯米家畫藝之原委中可知。

董北苑、僧巨然，都以墨染雲氣，有吐吞變滅之勢。米氏父子宗董巨，然法稍刪其繁複，獨畫雲仍用李將軍鈎筆，如伯駒伯驌輩，欲自成一家，不得隨人去取故也（註一二）。

董北苑畫樹，都有不作小樹者，如秋山行旅是也。又有作小樹，但只遠望之似樹，其實憑點綴以成形者，余謂此卽米氏落茄之源委（註一三）。

雲山不始於米元章，蓋自唐時王洽潑墨，便已有其意。董北苑好作煙景，烟雲變沒，卽米畫也（註一四）。

由以上董氏之對米家畫藝所追述之源委中，一則可知名重藝林之「米氏雲山」之畫格固有其本；一則可知董氏之加至譽於米氏乃有其深沈而嚴肅之道理在。因爲我國山水畫在米氏之前，乃是以線爲主，憑藉線條之種種形態、變化、組合而形成之畫面結構，一向爲傳統圖畫中之主幹，而美好線條之產生繫於用筆之得法，善於運筆所產生有機之具有結構效能之線條，乃成爲畫境中之骨法，因之，謝赫於所標示之六法中特立「骨法用筆」一格，置於「不能意造，不可跡求」之「氣韻生動」之下，而列於「應物象形」及「隨類賦彩」之上，居於極重要之位置。而關於線條在國畫—尤其山水畫中所產生之功能及變化之形態，伍蠡甫氏曾有極其精闢之見解：

中國繪畫的主要形式—線條，自身具有結構與裝飾兩種機能，並且綜合二者而發展爲皴。………皴法雖說名目繁多，却可分作兩個主要的陣營：披麻皴與劈斧皴。披麻看去雖然好像只有線條，但它的功效就在如何使多線挨進，或互爲重疊以成面。因此披麻是以線始而以面終。至於劈斧，乍見一若僅以筆鋒砍紙成面，實則不獨每一個面須以作線之法爲之，使有主要的路向，卽各面仍須彼此相關，構成一貫的傾向，所以還是不失一條一條的線的作用。因此劈斧是以面始而以線終。在線的方面說，皴主使全圖的大局，所以它的機能是偏近結構的；在面的方面說，它助長全圖的氣勢，所以它的機能是偏近裝飾的。又不論其過程是由線而面，或由面而線，而其為主導畢竟還是線，而不是面（註一五）。

由此看來，可知線條本身及由線條所衍變而成之諸多皴法，均為構成國畫中山水畫之主要成分，而線條及皴法之施用於畫境乃成為傳流國畫之特色，而此一依存線條及皴法之傳統特色自古以來相沿成風，不稍中輟，亦絕無捨置線條及皴法而另創蹊徑者。

至米芾出，認為「山水古今相師，少有出塵格者」（註一六），故自出新意，另闢蹊徑，捨置我國素來以線條為主之畫風，而純以大小錯落，疎密不一之水墨漬染點綴成畫，創奠一迥異往古，別開生面之嶄新風格，世稱之為「米氏雲山」或「米家山」。而此獨特而嶄新之畫風則助長水墨「文人畫」之發展，在我國繪畫史上，不僅屬於空前之創舉，而且為後世之畫藝開啓一新機運，故董其昌於其畫眼中稱「米元章作畫，一正畫家謬習」，而極譽其迥異傳統之畫藝成就為「畫至二米，古今之變，天下之能事畢矣。」乃為有膽有識之宏論，而衡之於米氏之能一空依傍，創用以點代線，推翻以線為主，以點為附之傳統畫風並把國畫中水墨之機趣擴展至幾達無以再增益之境界（註一七），則董氏之極譽米氏亦云宜矣。

如前所述，米芾之畫法乃是有所本而來，上溯唐朝王洽潑墨之源緒，並直承董源、巨然煙雲變沒之遺意。但米芾才雄性傲，凡事不肯剽襲前人陳法，故於攝取前賢旨趣之後，輒能用心研求超前絕後之藝能，遂轉而取資於大自然，而米氏所賦居之自然環境又適合其所忻慕「煙雲變沒」之前賢旨趣，故其畫格於焉醞釀而成。

以下爲「米氏雲山」風格之形成與受自然景觀之影響之文獻：

趙希鵠之洞天淸祿記稱：

米南宮多遊江浙間，每卜居必擇山明水秀處。其初本不能畫，後以目所見，日漸模仿之，遂得天趣（註一八）。

米芾在其「訴衷情」之詞中下半闋吟道：

奇勝處，每凭欄，定忘返。好山如畫，水遶雲縈無計成閑（註一九）。

米元暉自題「瀟湘奇觀圖卷」云：

先公居鎭江四十年，作庵於城之東高岡上，以海岳命名，………此卷乃庵上所見。大抵山水奇觀，變態萬層，多在晨晴晦雨間，世人鮮復知此。余平生熟悉瀟湘奇觀，每於登臨佳處，輒復寫其趣（註二〇）。

元貢師泰題友仁「瀟湘奇觀圖」云：

江南奇觀在北固諸山，而北固奇觀在東岡海岳。晴雨晦明中執筆描寫，非其人胸中先有千岩萬壑者，孰能神融意適，收景象於豪芒咫尺之間哉！米家父子何奪天巧之多也！」（註二一）

明董其昌於「容台別集」中記謂：

朝起看雲氣變幻，可收入筆端。吾嘗行洞庭湖，推篷曠望，儼然米家墨戲。又米敷文居京口之

北固，諸山與海門連亙，取其境爲「瀟湘白雲卷」。故唐世畫馬入神者曰「天閑十萬匹，皆畫譜也。」（註二二）

由上引文獻記載中，可知「米氏雲山」之畫藝風格，乃是與米氏所賦居之自然環境有極爲密切之關係。其實，古往今來任何偉大之山水畫家，其特別畫藝風格之創發，互受其生活之自然環境所誘發、所影響、所毓育而醞釀成爲一種特饒風土氣味之格調。此種現象，就以鼎峙北宋三大山水畫家之董源、李成、范寬而作爲例喻。董源之生活領域在於江南，故其畫境內容乃在「描寫江南眞山」，而「不爲奇峭之筆」乃其畫藝特色。李成生世之活動範圍則在齊魯地帶，故當地煙林清曠之景觀乃爲其寫繪之對象，而「煙林平遠之妙」與「清曠荒寒韻致」之表現，乃成爲營丘之畫藝特色。范寬棲隱於關陝山林中，故其筆端所寄寫者多爲關陝一帶巍峨雄傑之山嶺，而「峰巒渾厚，勢狀雄強」乃是歷代以來畫評家對其風格之一致說法。依此類例乃知自然環境對畫家風格之形成具有深重緊密之關聯性。如前所記述者，「米氏雲山」風格之創發，一如董源、李成、范寬之深受其生活自然景觀之啓毓，則爲一極明顯之事實。

然另有以言者，一種獨特畫格之形成，取法乎前賢所遺之幽微旨趣，及取資於江山景色之感應，固然具有催生助產之重要力量，然畫家本身對畫藝之敏感性，執著沉迷之嗜愛以及揉創力則爲另一更具深宏之力量。米芾一生熱愛藝術（包括書法），樂此不疲，對藝術氣圍之感悟力亦極強，而且具有磅礴豐厚之藝能開創力量，故宜乎其能於畫藝之創畫獨具一格。而綜上所述，輝映千古，並爲「文人畫」開啓先河之「米氏雲山」之空前風格，乃是米氏「師古人、師物、師心」所凝聚而成之藝林瓌寶。

考諸畫史畫論，歷代以來絕大多數之畫論家，多交口稱讚「米氏雲山」之創格，但亦有少數論者持有異見，其中持論擧證最爲精當者，當數時人呂佛庭氏，爲對「米氏雲山」風格作較客觀之評價，故爰錄其說，以俟關愛米氏風格者之共審精義。

元章自攻畫至身卒不滿七年。以工力而論，自然不及前人。他作畫簡放濕潤，墨氣淋漓，可能是一種取巧的方法。我所見故宮藏元章「春山圖」、「林岫烟雲圖」、「雲山圖」、「岷山圖」、「雲山烟樹圖」都不見佳。可見歷代各家著錄稱讚元章之畫，不一定正確，如不見畫蹟，只信著錄是很容易受古人欺騙的（註二三）。

吾人評衡事理，就事論事，僅就畫藝之工力而論，誠如呂氏所言述者，元章自攻畫自身卒不滿七年，其表現之技法或有未臻成熟之事實，然者，其獨具面目，別開生面之畫藝創格，當爲藝壇人士所共欽仰之妙藝。而從另一角度而言，在北宋諸多文藝兼善者，每以「文以適吾心，畫以寫吾意」之風尚相煽之下，米氏之文藝格趣遂輒以宣洩情趣之戲筆爲之。吾人固應認識其工力不足之處，而不必計較其工力之高低。以淩雲之氣，抱絕塵於風煙之上之豁朗態度臨其畫，對其「墨戲」之作，或能共鳴感於「要之皆一戲，不當問拙工。意足我自足，放筆一戲空。」之心聲。

第四節　馬一角，夏半邊

明王世貞在其藝苑卮言中對我國從往古以來之山水畫成就作精要之論斷，謂：「山水，大小李一變也；荆、關、董巨又一變也；李成、范寬又一變也；劉、李、馬、夏又一變也。」（註二四）而所謂劉、李、馬、夏乃指南宋四大山水畫家李唐、劉松年、馬遠、夏珪而言。因劉、李、馬、夏四家於山水畫風格之創新，技法之研創，及內容之擴展均能超邁前猷，垂法後世，故宜乎王世貞之視爲「一變」。而在南宋四大山水畫家中，馬遠與夏珪之名氏往往爲畫史所同提並論，其親密不可分之關係，有如「焦不離孟，孟不離焦」。如明代王汝玉於稱述夏珪之畫藝成就，謂：「宋之南渡，馬夏稱首。若禹玉者，其可多得哉！」陸完於其「續書畫題跋記」中贊譽夏珪之詩句，亦同時譽及馬遠：「但覺層層景不同，林泉到處生春風；意到筆精工莫比，只許馬遠齊稱雄。」而格古要論評述馬、夏兩家之畫藝表現亦一齊並論：「夏珪山水、佈置、皴法與馬遠同」。

馬遠與夏珪之所以名氏相隨，其原因有二端，其一爲馬、夏生世之年代相近。馬、夏之生卒年月及生平事蹟雖缺乏翔實之史料可稽，然從畫史之大體記載可知，馬遠之生世及獲得畫院之榮寵早於夏珪。夏文彥之圖繪寶鑑誌馬遠之榮績，謂馬遠於光宗紹熙元年（西元一一九〇年）授畫院待詔，賜金帶。而夏珪則於寧宗慶元元年（西元一一九五年）獲得與馬遠同等之榮譽。因生世相接，榮名連承，乃爲極自然之事理。而另一更重要之原因，則爲馬遠及夏珪之畫藝風格極爲近似，其間猶且有先後紹承，資前睥身之關聯。有關馬遠與夏珪畫藝相同之處，前述格古要論已作大要之引言，玆不贅述。而馬、夏山水之布置與皴法雖多有相同之處，（其實，更嚴肅而言，應說夏珪師承馬遠）其最大之共同點，則爲馬夏於畫境之造景構局，多取「邊角」之作。而因二氏於造景構局多採「邊角」之風格，故畫史家乃把其姓氏與其畫藝特有之風格，綴連而成爲畫史上千古以來膾炙人口之「馬一角，夏半邊」之諺語。

考諸史籍，「馬一角」之諺語，始載之於曝書集條中云：馬遠水墨西湖，畫不滿幅，人號「馬一角」。姚雲東詩，「宋家內院馬一角」是也（註二五）。而夏珪於畫境之構局，輒喜採用類似馬遠邊角之景趣，爲與「馬一角」相頌稱，故有「夏半邊」之續詞。其實，要而言之，「馬一角，夏半邊」一語，乃是最能精當表明馬、夏作畫最喜採用「邊角山水」之風格。而此種「邊角山水」之畫風，雖於南宋初期李唐之山水畫已有「頂格」與「邊角」取景之消息，然究屬初萌其端而已，尚未見其大化之作，至馬遠則紹承其遺意而加以光大之。明朝曹昭之格古要論稱述馬遠「邊角」設景之要妙云：

全境不多，其小幅或峭峰直上，而不見其頂，或絕壁直下，而不見其脚；或近山參天，而遠山則低，或孤舟泛月，而一人獨坐，此邊角之景也（註二六）。

而此種獨具格局之畫風，爲後世之不明畫藝者，此附於南宋偏安一隅之局面，而譏其爲「殘山賸水」之作。

其實，馬遠與夏珪從事於邊角取景之畫法，在畫藝上而言，乃爲極進步，極合乎情理之創作。南宋之前，山水畫作全景之寫繪，其勝處固能使觀賞者興懷「可行」、「可望」、「可游」、「可居」之佳趣（註二七），然全景之作，內容繁富，山縈水遶，峰廻路轉，欲兼衆美，實難如願。而所採用之畫藝或爲「鳥瞰」、或爲「仰觀」，其表現之效果，每易陷於繁雜蕪亂之境，以致難以宏顯藝道以小觀大、以簡制繁、以有限追無窮之韻致，觀賞者僅能浮掠片刻之滿足，而較難作深刻而持久之品味。而爲馬遠與夏珪所共同推展之「邊角」風格，乃是蓄意於寫畫景境最精美之部分，於小景之幽勝處，以顯畫面含蓄之深邃情趣，因而乃可獲致「筆有盡而意無窮」之妙趣。而另一方面，此種「邊角」之設景，對時空觀念上之自然景象，較能作更眞切之捕捉，而充分表現出物性與景致之特質，使繪畫藝術由平面之寫繪進而作精神之探究，於是把繪畫藝術帶進另一耐人尋味之性靈境界。

附註

一：清聖祖敕撰「佩文齋書畫譜」，頁一〇六六，見王瓘條。

二：同註一書，頁一〇六七，見孫夢卿條。

三：見「中國畫論類編」，頁四七八，湯垕「畫鑑論人物畫」文中。

四：同註一書，頁九九九，見吳道玄條中「唐朝名畫錄」記謂：「明皇天寶中，忽思蜀道嘉陵江水，遂假吳生驛駟令往寫貌，及回日，帝問其狀，奏曰：「臣無粉本，並記在心。」後宣令於大同殿圖之，嘉陵江三百餘里山水一日而畢。

五：同註三書，頁一〇三七，見「宣和畫譜」之「花鳥敍論」文中。

六：見沈括「夢溪筆談」（台灣商務印書館，民國五十九年六月臺二版），頁一一一，其中記謂：「徐熙以墨筆畫之，殊草草，略施丹粉而已，神氣迥出，別有生動之意。筌惡其軋己，言其畫麁惡不入格，罷之。熙之子（按熙無子以畫藝名世者，其孫崇嗣、崇矩、崇勳，則頗得其傳）乃効諸黃之格，更不用墨筆，直以彩色圖之，謂之「沒骨圖」。

七：「畫史叢書」（文史哲出版社，民國六十三年三月初版），見郭若虛「圖畫見聞誌」卷六，頁八八「沒骨圖」。

八：同前註叢書，見夏文彥「圖繪寶鑑」卷三，頁五五。

九：同註三書，頁一一八七，見方薰「山靜居畫論」文中。

一〇：見「中國畫論彙編」，頁七七。

一一：同前註書頁。

一二：同前註書，見七六頁。

一三：同前註書，見七三頁。

一四：同前註書，見八五頁。

一五：見伍蠡甫「談藝錄」（臺灣商務印書館，民國五十七年五月臺二版），頁五六—七。

一六：黃賓虹・鄧實編「美術叢書」（藝文印書館），二集第九輯，見米芾「畫史」，頁二四。

一七：同註一〇書頁。董其昌云：「老米畫難以渾厚，但用淡墨、濃墨、潑墨、破墨、積墨、焦墨，盡得之矣。」

一八：同註一六叢書，初集第九輯，見趙希鵠「洞天清祿集」，頁二七二。

一九：「中國名畫家叢書」（中國美術出版社，民國六十一年十月初版），見四〇三頁。

二〇：同前註書頁。

二一：同前註書，見四〇五頁。

二二：同註一〇書，見七一頁。

二三：見呂佛庭「中國畫史評傳」（華岡出版社，民國六十六年六月再版），頁一七〇—一。

二四：同註三書，頁一一六，見王世貞「藝苑巵言論畫」文中。

二五：同註七叢書，見厲鶚「南宋院畫錄」卷七，頁一三六。

二六：同前註書卷，見一三五頁。

二七：同註一〇書，見一七頁。郭熙「山水訓」文中謂：「世之篤論，謂山水有可行者，有可望者，有可游者，有可居者，畫凡至此，皆入妙品。」

第八章　宋代山水畫之皴法研究與特創畫技之誌趣

第一節　宋代山水畫之皴法研究

明朝何良俊在其所撰之四友齋畫論對山水畫之路數有精闢之論見，謂：

畫山水亦有數家：荊浩關仝其一家也，董源僧巨然其一家也，李成范寬其一家也，至李唐又一家也。此數家筆力神韻兼備，後之作畫者，能宗此數家，便是正脈。若南宋馬遠夏珪亦是高手，馬人物最勝，其樹石行筆甚遒勁。夏珪善用焦墨，是畫家特出者，然只是院體（註一）。

雖然何良俊之評述山水名蹤未能上溯隋唐以前之名家，然就其縱論山水畫之沿承路數則清楚而明確。何氏之列論山水畫師承家數不從人所皆知之大小李及王維起，而經由五代之荊關起述，然後總滙其論及於北宋三大家之李成、范寬、董源兼述南宋四大家中之李唐、馬遠、夏珪（略去劉松年），應大有深意存焉。山水畫法各派各家雖各有其獨門精藝之所在，不可能僅以簡短之言詞賅盡其秘，然最足以代表各家之獨特面目者，厥爲皴法。

皴法一詞對喜愛國畫人士當爲一耳熟能詳之名詞，然就皴法本身之創化過程而言，則爲一至爲繁複艱鉅之發明。我國山水畫家爲眞切表現大自然中山石之理趣，以豐富山水畫生動之韻致，故對山嶺邱壑之岩石紋理作精詳之觀察與研究，然後以巧妙之筆墨加以作有機之描畫，布構成圖。有關皴法最精當之釋義莫如李霖燦教授所拈出之「山石紋理，筆墨組合」八字（註二）。

皴法之創研乃是由歷代畫家銖積寸累而成之心血結晶，其創發之程序乃是由簡而繁，由粗入精，由模擬自然之紋理進而「以意造理」而完成國畫中皴法之最高妙境。素有「山水畫之靈魂」之皴法究竟始於何時?實爲一嚴肅而重要之問題，根據一向持以「畫蹟第一」之李霖燦氏之論見，認爲皴法「大概是發生在五代北宋之際，換言之，紀元後第十世紀這一段時間之內」（註三）。如此說來，李氏所研判皴法之昉始時期，則與明朝何良俊之闡論山水家法始自荆關，而滙結於北宋李、范、董三大家之說法，正不謀而合，由此足見古今賢哲妙契奧理之明證。然因古人說法有時未免粗略，語鋒隱微含蓄，致令後人有撲朔迷離之憾，所幸後賢能引經據典，又能據實研繹，終能使眞理大明於世，原來何良俊之持論山水畫家數由荆關、董巨、李范一路遞起，乃是著眼於皴法之發明，而演化爲師承之藝能而論。

論者或對皴法之昉始於五代北宋之際持有異論，因據清唐岱繪事發微之皴法條載有「李思訓用點攢簇而成皴。下筆首重尾輕，形似丁頭，爲小斧斫皴也。王維亦用點攢簇而成皴，下筆均直形似稻穀，爲雨雪皴也，又謂之雨點皴。二人始創其法，厥派遂分。李將軍爲北宗，王右丞爲南宗。」（註四）觀乎唐岱對李思訓與王維之皴法情狀，言之鑿鑿，若另有所見而發之者，未可加以忽視。明陳繼儒之眉公論畫山水之皴法條中對李思訓之皴法則有簡略之記載。謂：「李將軍小斧劈皴」（註五）。如按上述唐、陳二家之著錄以觀，則我國之皴法應溯及唐代。然則，今所傳思訓與昭道之山水畫蹟，都是有染無皴（註六）。而王維之繪畫特色爲「一變鉤斫之法而爲水墨渲淡」，而所謂鉤斫法，即是用斧劈皴作畫，如此說來，王維早期作畫應受到李思訓「風骨奇峭，揮掃躁硬」之畫風影響，以後對人生之境界因另有所悟，故別創樸實無華之水墨渲淡之畫風。然其畫技恐猶滯蟄於幼稚之階段，故王世貞乃評之爲「右丞始能發景外之趣，而猶未盡」（註七）。李思訓與王維之皴法均載之於著錄，然缺乏實蹟可考，或著錄者「誤染爲皴」，而因之作新奇之發現亦未可知，故有關山水畫之昉始問題，以較保守之態度遵從李霖燦教授之論見，至於唐、陳所陳述之李思訓與王維之皴法問題則留待以後作更深入之研究。

有關皴法問題因牽涉之範圍頗大，本文僅就宋代山水畫之皴法範疇作一研究，實事上，宋代皴法之研究乃是研究我國山水皴法之重點，亦是跨渡其他朝代皴法發明之要津，換言之，如無宋代諸多基本皴法之發明，則此後之相關皴法則無由衍生。茲申述如下。

郭熙爲北宋時於畫藝方面「學術兼優」之不平凡藝術家，在其所著林泉高致集中首次提出「皴」字者，然因時代不同，觀念遂異，其時之「皴」與「擦」乃聯璧運用。

淡墨重疊，旋旋而取之，謂之斡淡。以銳筆橫臥，惹惹而取之，謂之皴擦（註八）。

其後皴法乃因畫家之悉心研究，而有長足之進境。至北宋宣和年間，韓拙時不僅皴法之表現技法大有進步，而且，皴法之種類亦比先前增多，同時皴與擦亦告分離，皴法於焉正式成爲表現山水畫不可或缺乏之「法門」。韓拙之山水純全集對當時之皴法有如下之記述：

有披麻皴者，有點錯皴者。或斫矬皴者，或匀而連水皴紋者。一畫一點，各有古今家數，體法存焉（註九）。

於韓拙標示皴法之類別文詞中，吾人同時亦體認一則重要之消息，即皴法各家有其傳統之體法家數，而皴法亦爲各家體法家數中之「衣鉢信物」。此亦是本文之前揭示明朝何良俊稱述山水家數師承之命意所在。茲就有關宋代所創用之皴法依文獻所載列示如下：

明陳繼儒之眉公論畫山水列有皴法條：

董源麻皮皴，范寬雨點皴（俗云芝蔴皴），李將軍小斧劈皴（唐人），李唐大斧劈皴。巨然短筆麻皴，江貫道師巨然泥裏拔釘皴，夏珪師李唐。米元暉拖泥帶水皴，先以水筆皴後却用墨筆（註一〇）。

明代汪珂玉在其珊瑚網畫法一目上記載（註一一）：

麻皮皴　董源、巨然短筆麻皮。

直擦皴　關仝、李成。

雨點皴　范寬，俗名芝麻皴。諸家皴法俱備：賴頭山丁香樹，芝麻點綴皴。

大斧劈皴　李唐、馬遠、夏珪。

小斧劈皴　李將軍、劉松年。

長斧劈皴　許道寧、顏暉是也。名曰雨淋牆頭。

巨然短筆皴　江貫道師巨然。

泥裏拔釘皴　夏珪師李唐。

米元暉拖泥帶水皴　先以水徧抹山形坡石大小之處，然後蘸佳墨橫筆拖之。

馬牙勾　如李將軍、趙千里先勾勒成山，却以大青綠著色，方用螺青苦綠碎皴染，兼泥金石脚。

綜觀陳繼儒所列之七種皴法，其中除李將軍小斧劈皴一條爲唐人之外，其餘六種皴法均爲宋人所創用者，而比之韓拙所提示之三四種已然增多。而汪珂玉收錄於其珊瑚網之皴法本來共有十四種之多，然删去與宋人無關者，計得十種皴法，而其中多種與陳繼儒所開列之皴法相同，然又增列直擦皴、長斧劈皴、馬牙勾等三種，至於小斧劈皴一法眉公僅歸宗唐人李思訓，而汪氏則置南宋劉松年與李將軍共鑄一法。

其他有關研究皴法之文獻，則有王概之芥子園畫傳（書成於西元一六七九年，康熙十八年），其中列有十六種皴法之名目，比之珊瑚網猶多兩種，而且對各種皴法皆一一鐫圖示範，我國皴法之蒐羅研究至此可算甚完備。至石濤時，於其苦瓜和尙畫語錄暢論皴法，闢章論說，則又增列數種前所未有之皴法（註一二）。於此，我國全部皴法皆大備於斯矣。而因其僅列名稱，而多與宋人創用之皴法無關，故不贅擧。

歷代以來於文詞上論述皴法之本源派別最具體系者當推淸唐岱，玆就其繪事發微中有關宋人創用之皴法及其師承淵源部分摘錄如下：

> 夫皴法須知本源來派，先要習成一家，然後皴山皴石，方能入妙。……荆關李范宋諸名家皴染多在二子（指李思訓與王維）之間，惟董北苑用王右丞渲淡法，下筆均直，以點長變爲披麻皴。巨然繼之，開元諸子法門。至南宋劉松年畫石少得李將軍之糟粕，李唐近之。夏珪馬遠一變其法，用側筆皴以至用臥筆帶水搜，謂之帶水斧斫，訛爲北宗，實非李將軍之肖子也。又有解索皴、卷雲皴、荷葉筋之皴。古人作畫非一幅，畫中皴染亦非一格。每畫到意之所至，看山之形勢，石之式樣，少變筆意。郭河陽原用披麻，至礬頭石用筆多旋轉似卷雲。（下略）（註一三）。

觀乎唐岱論列之體系仍不脫董玄宰山水畫南北分宗說法之窠臼，然對皴法之師承衍化情狀則有較清楚之交代，不過，因唐岱之立論着重於分宗歸屬之問題，因此，諸家皴法之特點及對後代之影響僅作「大而化之」之紹述，未能作較深刻之說明。爲使趙宋時代畫家所苦心創研之皴法作較明晰而有系統之瞭解，玆綜合前述古今畫史中名家對皴法研究之心得作一概要之總述。

一、披麻皴

披麻皴爲一種「長線條」之皴法，乃用中鋒之筆法，由上而下分向左右披拂而成之皴法。此種皴法最適宜表現土多於石之江南山川景觀，爲我國皴法中最足以代表陰柔美之一種皴法，故爲熱中宗派說者指認爲南宗之皴法（註一四），而事實上，披麻皴不僅爲我國諸多皴法中可能最早被山水畫家所發明之一種皴法，（係韓拙之山水純全集首次提出之皴法）而且亦是我國山水畫中最佔重要地位之皴法，因元代趙孟頫所構畫之名作「鵲華秋色卷」所表現之解索皴（有人稱之爲荷葉皴），及黃公望之「富春山居卷」所表現於山石紋理巧妙交錯組合之皴飾，與王蒙所貫用以表現夏季林壑幽鬱景象之牛毛皴，及倪雲林所喜表現「平寫側偃」之折帶皴均由披麻衍變筆路而來，無怪乎唐岱稱述「惟董北苑下筆均直，以點縱長變爲披麻皴。巨然繼之，開元諸子法門」。另外，破網、亂柴、亂麻、泥裏拔釘等多種具有細長線條性質之皴法均與披麻皴具有脈近衍生之親切關係，故披麻皴乃被推崇爲中國山水畫中之宗主皴法。而此一宗主皴法畫史上恆追述爲董源所創用，實則，按之畫蹟，則爲巨然所常施用之技法，「秋山問道」爲其表現披麻皴之代表作。

二、雨點皴

雨點皴，顧名思意乃是此種皴法形貌細碎密集有如雨點，而正因其形貌如雨點之細密噴激於泥牆之狀，故又被後人分別取象命名爲雨打牆頭皴，或雨淋牆頭皴，亦有人因其細碎蝟集形如芝蔴之密聚，故另名之爲芝蔴皴。此種皴法乃是使用中鋒筆尖以垂直而有力之短促線條點鑿而成。雨點皴最適宜表現我國北方黃土地帶之景觀，因北方黃土層面垂直之結構性能極強，空氣乾燥，因此山川景貌清明有如刻畫，而雨點皴則最適合表現黃土原野經過長年累月風襲雨蝕而仍然屹立，滿佈斧鑿痕跡之雄偉山壁，故雨點皴所表現於畫面之觀感，乃充滿雄昂剛健之氣氛，亦即充分表現出典型之陽剛美，此與披麻皴之性質大異其趣。雨點皴法之發明者畫史均一致歸銜於范寬。范寬賦性疎野，長年隱居於終南岩隈之間，日夕觀察並描寫太行，王屋、終南、華嶽等雄偉之名山，而妙悟出最足以刻畫「山骨」之雨點皴，誠非偶然。

雨點皴與披麻皴同爲我國最重要與最早被發明之皴法，韓拙山水純全集載有點錯皴一目，當屬雨點皴之類。雨點皴本來爲最適於表現我國北方黃土地帶雄壯景觀之皴法，惟我國山水畫因南北宗派蠢然爭論，所謂南宗之維護者聲勢強大，幾凡具有奇峭風骨之畫藝輒無端被譏詆爲北宗，致使後人不屑學習。范寬所創研之雨點皴因具有剛健之陽剛氣息，故亦無形中被後人所棄置，以致傳習者不多，殊屬可惜。

現存於故宮博物院之「谿山行旅圖」巨軸，爲范寬表現雨點皴法之標準作品，另外，北宋燕文貴（季）之「溪山樓觀」，波士頓美術館所藏之范寬式「雪山樓閣圖」，故宮博物院所藏之明人「雪峯圖」，另有傳爲關仝之「山谿待渡圖」均爲雨點皴法（註一五）。

三、小斧劈皴

小斧劈皴顧名思義，指此種皴法之形態有如用斧斤砍斫而成之皴紋。其皴飾之紋路堅強如斧鑿痕跡，亦最適合於表現陽剛美之特質。此種皴法乃是專用側鋒乾墨逐畫斫鑿而出，因之，所形成之筆勢斫痕明切，所表現之山岩猶如鐵鑄，具有極端堅厚雄渾之感。南宋李唐之「萬壑松風」可謂小斧劈皴最傑出之代表作。畫史上稱劉松年師李唐，於其「醉僧圖」及「金華叱石圖」所表現之類似皴法觀之，信然。

吾人又可一路追查南宋畫家之名蹟，繼續發現南宋諸多山水畫名家不論直傳李唐衣缽者或私淑其學者，多能沿採此種遒勁如鑄鐵之皴法，以表現其畫境中之山邱林壑。以名氏言之，則有馬遠、夏珪、蕭照、賈師古、馬麟、李嵩等輩，而就採用此種皴法之名蹟而觀，則有「坐石看雨」、「巖關古寺」、「夕陽圖」以及「山腰樓觀」等圖。其中尤以「山腰樓觀」所表現之強毅沉硬之皴痕，令人作千古之讚詠。

小斧劈皴之發明者一般畫史均遙指唐人李思訓，然則空有著錄而缺畫蹟可證，在未獲實蹟之前，則採保守之態度，以存世之畫蹟爲憑，則以李唐爲此一皴法之掛帥。至於明代汪珂玉於其珊瑚網所列示劉松年爲小斧劈皴之施用者，亦非不可，然祗是「不得要領」耳。

四、大斧劈皴

大斧劈皴乃是由小斧劈皴演化而來，其間變化之關鍵，乃是由筆之側施到水墨之大胆放肆。原來南宋初期之山水畫，由於李唐率先以小斧劈皴法獲致當時及較後輩諸多名家之共鳴學習，因之，筆法與水墨之運用逐漸變爲比先前豪放狂肆，後起之秀之山水名家如馬遠與夏珪爲使其畫境充分發揮墨韻之效果，同時並欲掌握山岩巒石方硬堅實之特質，故於作畫之時先以水筆抹濕岩石之部位，然後用濃墨恣意皴掃，遂成爲別開生面之「拖泥帶水」皴法，而以此種筆法所創化之效果即爲畫史家稱之爲「水墨蒼勁」派，而「水墨蒼勁」之特色亦即大斧劈皴之面貌。大斧劈皴如同小斧劈皴之特質，均能表現畫境中陽剛之美。惟小斧劈皴較適宜表現清明硬朗之景觀，而大斧劈皴則較適於表現陰濕潤澤之邱壑，故水墨與筆皴適切而熟練之控制至爲重要，技巧老到者能收到「麗如傅粉」之奇佳效果。

南宋之山水畫極爲盛行斧劈皴，然則大斧劈皴則至馬遠、夏珪先後共創「水墨蒼勁」畫風之後方臻盛境。馬遠之「松泉雙鳥」與其子馬麟之「靜聽松風圖」以及夏珪之「溪山清遠卷」上均含有大斧劈皴之例證，尤其「溪山清遠卷」上所表現之豐美大斧劈皴更爲膾炙人口，留美百世。

有關大斧劈皴之創用誰屬問題，陳繼儒記錄爲李唐，汪珂玉則以李唐、馬遠、夏珪三者並列而論，而唐岱則進一步說明馬夏之變從皴法於小斧劈而爲「帶水斧斫」，謂「夏珪馬遠一變其法，用側筆皴以至用臥筆帶水搜，謂之帶水斧斫」，唐岱之說法比之陳、汪二氏顯然更見「合情合法」。惟大斧劈乃變從小斧劈，而李唐晚年作畫行筆縱墨之豪放風範已爲馬夏之「水墨蒼勁」開啓坦途，其「清谿漁隱圖」中之巨岩及邱坡已具「臥筆帶水搜」之宏壯功能，如追稱李唐晚年之業蹟爲大斧劈之開山「誰曰不可」！

五、泥裏拔釘皴

在芥子園畫傳卷三，江貫道名下，記謂：

師巨然，其皴法稍變，俗呼爲泥裏拔釘。以苔輒作長點如錐，亦有一種蒼奥處。

由上記文詞中可知泥裏拔釘皴乃是以苔點變爲長錐狀而來，其運筆之法，想當以長鋒尖筆使勢挑激爲之。李霖燦教授於其山水畫皴法．苔點之研究大作中在泥裏拔釘皴條下記謂：「先以清水抹濕山頭崖巔，却以長鋒尖筆醮濃墨向上猛挑，濃墨在淡濕水痕之中氤氳變化，乃成泥裏拔釘之壯觀」。並且以極審愼之態度，認爲江貫學巨然則有圖爲證，用泥裏拔釘則在時代順序上爲時嫌早云（註一六）。

有關泥裏拔釘皴之古文獻，陳繼儒記稱：

巨然短筆麻皴，江貫道師巨然泥裏拔釘皴，夏珪師李唐。

而汪珂玉氏則以巨然短筆皴別立名目，其下記明江貫道師巨然。至於泥裏拔釘皴則又另立名目，其下記明夏珪師李唐。讀史至此，令人費解，然爲忠於史實，不作牽強附會之解釋，而暫時存疑。

六、雲頭皴

宋代偉大之畫論家兼畫家郭熙對雲霞之掇景最爲重視，曾一再倡言「山無烟雲，如春無花草」，「山無雲則不秀」，「山欲高，盡出之則不高，烟霞鎖其腰則高矣」，「掇景於烟霞之表，發興於溪山之顚」等優雅雋妙之論。而在其畫蹟上亦實際經營一種雲頭皴以實踐其畫論，此一皴法最早見之於其名作「早春圖」。

芥子園畫傳對郭熙之雲頭皴評註謂：

山水寒林宗李成，得雲烟隱現之態。布置筆法，獨步一時。早年巧瞻工致，晚年落筆亦壯。山輒作雲頭，頗覺雄麗。古人云：夏雲多奇峯，天開圖畫，則熙實師造物矣。元人唯宗董巨，曹雲西、唐子華、姚彥卿、朱澤民則宗郭熙。

雲頭皴乃是以圓筆染墨輕緩捲拂而成，最適宜表現岩壑深靜，嵐圍峯腰，煙雲鼓盪之怡人景觀。在古文獻上唐岱曾爲郭熙之至藝證言：「郭河陽原用披麻，至礬頭石用筆多旋轉似卷雲」。而觀乎「早春圖」所布構之岩坡礬石之皴理，具旋轉迴盤之勢，見之，令人心神飛躍，有羽化而登仙之感。

七、米點皴

一提起米點皴，卽想到米家山；而一提到米家山，則又立卽令人聯想到米芾所敬服之董巨畫風。實則，米點皴乃由董北苑之點子皴蛻變而來。畫史上記有董源「瀟湘圖」用點子皴「近視之幾不類物象，遠觀則景物粲然」，此爲沈括於夢溪筆談記述董源異於常流之表現山水景觀之特有技法，而此種技法乃爲米芾所取資，再一變爲更細緻而高怪之米點皴，芥子園畫傳卷三上記有「二米石法」，吾人益能明瞭米點皴之原委。

此米點而微間之麻皴也。元暉父子，於高山茂林中，時一置之，層層點染，以烟潤爲主，雖不露石法稜角，然視其睚廓下手處，實是披麻也。

由此可知米氏父子所創用之雲山體格，雖被董玄宰歎爲「畫至二米，古今之變，天下之能事畢矣」，然其技法之秘方乃祖法於董源。雖然如此，米氏父子食古而能化，於師取董巨精藝之後，復能融合造化之機趣，盡棄模擬之谿徑，隱去岩石之稜角，化爲迷濛之皴點，亦畫藝空前之奇技。

綜觀前述有關宋代皴法之研探內容，可知我國山水畫中最精妙之部分——皴法，雖然其肇昉並非始於宋代，可是，在皴法中重要之皴法形態，如從雨點皴一路迤邐演變而成之小斧劈至大斧劈，其中包括變形之長筆斧劈皴法，泥裏拔釘皴乃至特重裝飾風味之馬牙皴等具有陽剛之美之種種皴法，以及素被稱爲中國山水畫中之宗主皴法，而具有陰柔之美之披麻皴，從肇始至成熟均在趙宋皇朝之內。而由於前述諸多重要皴法之發明，使我國山水畫奠定永久不圮之丕基，亦使宋代之山水畫成爲全人類文化上之可貴瓌寶！

第二節　宋代特創畫技之誌趣

揆諸畫史，可發現宋朝爲我國有史以來最勤於創作畫藝之朝代，尤其宋人對畫藝技法之勇於創新，可謂空前絕後，茲臚記史實，以證大觀。

一、李成作雪圖粉塡法

鄧椿畫繼雜說之論遠篇中記謂：

山水家畫雪景多俗，嘗見營邱所作雪圖，峯巒林屋，皆以淡墨爲之，而水天空處，全用粉塡，亦一奇也。予每以告畫人，不愕然而驚，則莞爾而笑，足以見後學之凡下也（註一七）。

二、郭熙營創之影壁

舊說楊惠之與吳道子同師，道子學成，惠之恥與齊名，轉而爲塑，皆爲天下第一。故中原多惠之塑山水壁，郭熙見之，又出新意，遂令圬者不用泥掌，止以手搶泥於壁，或凹或凸，俱所不問，乾則以墨隨其影跡，暈成峯巒林壑，加之樓閣人物之屬，宛然天成，謂之影壁，其後作者甚盛，此宋復古張素敗壁之餘意也（註一八）。

三、宋復古張素敗牆以求畫法

畫繼於陳用之（有作志與智者）條中記謂：

陳用之，居小窰村。善山水。宋復古見其畫曰：「此畫信工，但少天趣耳。先當求一敗壁，張絹素倚之牆上，朝夕觀之。既久，隔素見敗牆之上，高平曲折，皆山水之勢，心存目想，高者爲山，下者爲水，坎者爲谷，缺者爲澗，顯者爲近，晦者爲遠；神領意造，恍然見其有人禽草木飛動往來之象，則隨意命筆，自然景皆天就，不類人爲，是爲活筆。」用之感悟，格遂進（註一九）。

四、徽宗花鳥畫以生漆點睛

畫繼卷一聖藝文中記謂：

聖鑒周悉，筆墨天成，妙體衆形，兼備六法。獨於翎毛尤爲注意，多以生漆點睛，隱然豆許，高出紙素，幾欲活動，衆史莫能也（註二〇）。

五、僧元靄之寫照特技

沙門元靄寫照，染面色，以一小石研磨取色，蓋覆肉色之上，後遂如眞（註二一）。

六、僧元靄創畫墨竹

寫墨竹自沙門元靄始，王端得其葉，閻士安得其竿，而夢松又次焉。（註二二）

七、朱象先之滌畫

宋何薳論滌畫記謂：

朱象先少時畫筆常恨無前人深遠潤澤之趣，一日於鵝溪絹上作小山，覺不如意，急湔去故墨，再三揮染，卽有悟見，自後作畫多再滌去。或以細石磨絹，要令墨色著入絹縷（註二三）。

八、盛師顏人物畫之特技

盛師顏，金陵人。工雜迹及道釋像，仕女泥面，每用北螺青，或煙墨水淡開，謂之青蛾粉白，有一種富貴氣象（註二四）。

九、米芾墨戲之特有技法

米南宮，多游江湖間，每卜居，必擇山水明秀處。其初本不能作畫，後以目所見，日漸模倣之，遂得天趣。其作墨戲不專用筆，或以紙筋，或以蔗滓，或以蓮房，皆可為畫。紙不用膠礬，不背於絹上作一筆。今所見米畫或用絹，皆後人偽作，米父子不如此（註二五）。

十、劉永年道釋人物畫之特技

武臣劉永年，所畫道釋人物，得貫休之奇逸，而用筆非畫家纖毫細管，遇得意處，雖堊帚可用，此畫史所不能及也（註二六）。

宋人於畫藝之表現技法，雖有如此衆多之發明，然後代均未能援用，以致諸多良法頓成當代絕響，殊足可惜，或許，宋代畫家所創發之技巧，不適於傳統國畫之表現，然時至今日，吾人當師取其開明豪邁之創新精神，發明新工具，革新畫法，藉以引領國畫邁往一可大可久之新元。

附註

一：見「中國畫論類編」（河洛圖書出版社，民國六十四年五月臺景印初版），頁一一〇，明何良俊「四友齋畫論」文中。

二：李霖燦「山水畫皴法・苔點之研究」（國立故宮博物院印行，民國六十五年六月初版），見頁二。

三：同前註書頁。

四：同註一書，頁八四八，見清唐岱「繪事發微」之「皴法」文中。

五：同註一書，頁七五三，見明陳繼儒「眉公論畫山水」論皴法文中。

六：呂佛庭「中國畫史評傳」（華岡出版社，民國六十六年六月再版），見頁五一。

七：同註一書，頁一一六，見明王世貞「藝苑卮言論畫」文中。

八：黃賓虹・鄧實合編「美術叢書」（藝文印書館，第四版影印本），三集第七輯，見郭熙「林泉高致」之「畫訣篇」文中。

九：同前註叢書，二集第八輯，見韓拙「山水純全集」之文中。

一〇：同註五。

一一：同註一書，見頁一四三「皴石法」。

一二：同註一書，頁一五三，見釋道濟「苦瓜和尚畫語錄」中皴法章第九文中。

一三：同註一書，頁八四八—九，見清唐岱「繪事發微」之皴法篇中。

一四：同註二書，參見頁一五—一六。

又，董其昌為宗派論之領袖，董氏輒推崇董巨，視董巨為南宗及文人畫家之中堅，此由其「畫旨」中一再稱述董巨之言論可以見之。而披麻皴為董巨師徒所創用之體法，具有雅馴柔和之美致，適與所謂北宗勾斫躁硬之皴法殊方，故宗派論者乃特別推重之。

一五：同註二書，見頁一一三。

一六：同註二書，見頁二一一。

一七：「畫史叢書」（文史哲出版社）民國六十三年三月初版），第一冊，鄧椿「畫繼」，卷九，見七〇頁。

一八：同前註書卷，見七二頁。

一九：同前註書，卷六，見四七頁。

二〇：同前註書，卷一，見第一頁。

二一：楊愼「畫品」（畫品卷一，附印於「歷代名畫記」之末，商務印書館，民國六十年四月臺一版），見一二頁之寫照條。

二二：同前註書，見九頁之花竹條。

二三：同註一書，頁八九，見宋何薳撰「論滌畫」。

二四：清聖祖敕撰「佩文齋書畫譜」（新興書局，民國五十八年九月新一版），頁一一三三，見盛師顏條。

二五：黃賓虹・鄧實編「美術叢書」（藝文印書館第四版影印本），初集第九輯，見頁二七二。

二六：同註一七叢書，「宣和畫譜」，卷一九，見二三六頁。

第九章　宋代名畫家墨法成就之探研

如所皆知，水墨爲國畫之主要要素，而國畫之專重水墨，乃有其悠遠之歷史淵源，與其本質上所表徵之深重意義。

國人使用水墨作畫，具有極長久之歷史，其肇始幾與國畫之創始同其開端，然在畫中使用水墨最知名於史籍者，當推唐朝吳道子，朱景玄之唐朝名畫錄記謂：

每觀吳生畫，不以裝背爲妙，但施筆絕蹤，皆磊落逸勢。又數處圖壁，只以縱墨爲之，雖近代彩繪莫能加（註一）。

水墨畫自吳道子悉心經營而著有佳猷之後，群賢崇仰而志習焉，終李唐之世，數其著名者有開水墨渲淡先聲之王維，有喜用禿毫作破墨而擅名於時之張璪，及因潑墨狂肆而流風千古之王洽。而其中盛名最著者尤數王維，右丞道藝雙修，學術兼優，於浸淫藝術之餘，復著書立論，以闡揚畫藝之精粹，其山水訣開宗明義卽強調水墨於畫道中之首要地位與作用。云：

夫畫道之中，水墨爲上，肇自然之性，成造化之功。或咫尺之圖，寫百里之景；東西南北，宛

爾目前；春夏秋多，寫於筆下。（以下略）」（註二）

而由於王維之大力播揚水墨，於是水墨畫因之而奠定在國畫中不可動搖之地位。

水墨之爲國人所創用，進而歷久不衰之爲國人所一直喜愛，乃因其本身之性能宜於表徵物象之基本要質有關，張彥遠最能探究水墨具有表徵一切物象基本意趣之作用，故在其歷代名畫記中與言：

草木敷榮，不待丹綠之彩；雲雪飄颺，不待鉛粉而白；山不待青空而翠，鳳不待五色而綷。是故運墨而五色具，謂之得意。意在五色，則物象乖矣（註三）。

張彥遠所提示之「運墨而五色具」之理趣，清朝沈宗騫之說詞最能圓遂其始旨。云：

天下之物，不外形色而已。既以筆取形，自當以墨取色，故畫之色非丹鉛青絳之謂。乃在濃淡明晦之間，能得其道，則情態於見，遠近於此分，精神於此發越，景物於此鮮妍。所謂氣韻生動者，實賴用墨得法，令光彩曄然也（註四）。

水墨既具有如此悠遠而堅實之歷史淵源，其本身又具有取質象色之奧妙特質，難怪其能傳之於無疆之休！

趙宋近承李唐之後，繪畫藝術之思想與技法均厚承唐人之遺澤，唐賢所創研之水墨風範與倡論之水墨要義，至宋朝不僅爲趙宋傑出之宗師巨匠汲吸殆盡，並能推陳出新，創化出諸多空前絕後之水墨「宏圖」，使國畫之內容平添無邊之光輝。茲就趙宋皇朝之藝壇於水墨成就特有創格者闡述如下，藉觀宋代繪畫藝術之盛狀。

第一節　惜墨如金之李成

「惜墨如金」爲董其昌稱譽李成於畫境精擅墨法運用之諺語，而事實上，「惜墨如金」亦確是李成畫藝成功之要訣，歷來諸家著錄對李營丘之精擅筆墨之頌譽有如潮湧。郭若虛圖畫見聞誌中論三家山水記謂：

> 畫山水唯營丘李成，長安關仝、華原范寬，知妙入神，才高出類，三家鼎峙，百代標程。

然後論列李成畫藝之要妙，歸結爲

> 氣象蕭疎，烟林清曠，毫鋒穎脫，墨法精微者，營丘之製也（註五）。

趙希鵠洞天清祿對李營丘之造景與墨法精微之結合關係則有更進一步之記載。謂：

> 李營丘作山水，危峯奮起，蔚然天成，喬木倚蹬，下自成陰，軒甍閒雅，悠悠遠眺。道路深窈，儼然深居。用墨頗濃，而皴散分曉，凝坐觀之，雲烟忽生，澄江萬里，神變萬狀。予嘗見一雙幅，每對之，恍如身在千巖萬壑中也。」（註六）

趙希鵠之記稱李成「用墨頗濃，而皴散分曉」實具有兩層意義，其一爲讚佩營丘之用墨有法；另一則道出其墨法之淵源消息。研究畫史論者咸知，唐朝及五代之畫家，凡畫山水，大多喜用焦墨，李成直承荆關之衣缽，故亦習染其嗜用焦墨之遺風。清方薰山靜居畫論卽有一則記事。謂：

李營丘群峯霽雪小絹幅，筆極細密。林巒屋宇，皆用焦墨畫。」

雖然李成之畫藝師於荊關，然因其才資顯脫，具神化精靈之素質，故其藝能遠超師承，宣和畫譜山水敍論謂：

至本朝李成一出，雖師法荊浩，而擅出藍之譽。

並於李成條下記謂：

于時凡稱山水者必以成爲古今第一，至不名而曰李營丘焉（註七）。

而李成山水之終能擅出藍之譽而列位爲古今第一，乃基因於精通造化而能變化師法，此誠如劉道醇於聖朝名畫評所云者：

成之爲畫，精通造化，筆盡意在，掃千里於咫尺，寫萬趣於指下。峯巒重疊，間露祠墅，此爲最佳。至於林木稠薄，泉流深淺，如就眞景。

又云：

李成之命筆，惟意所到，宗師造化，自創景物，皆含其妙。耽於山水者，觀其所畫，然後知咫尺之間奪千里之趣（註八）。

至於其不株守師承而變化師法，於其表現於布構景境與墨法之施用可明顯看出。李成之畫藝師法於五代之荊關，荊關所擅長之山水構境，則專精於表現高聳峻厚之奇峰峭拔之體勢，而李成則以其所寓居之山東齊魯平原爲其寫生之對象，故其畫境則務意於平遠寒林之構置，此則迥異於其師法者。至於墨法之使用，如前所述，荆關爲表現其峻厚峭拔體勢之山嶺，多喜以焦墨皴畫，以表現其雄偉厚實之質感，李成除興念師承，偶亦以焦墨皴飾景境之外，平素大多以淡墨寫繪之。米芾於其畫史中對李成之善用淡墨寫景有極詳盡之記述：

盛文肅家松石片幅如紙，榦挺可爲隆棟，枝茂悽然生陰。作節處不用墨圖，下一大點，以通身淡墨空過，乃如天成。對面皴石圓潤突起，至坡峯落筆，與石脚及水中一石相平，下用淡墨作水相準，乃是一磧，直入水中，不若世俗所效，直斜落筆，下更無地，又無水勢，如飛空中。使妄評之人以李成直筆無脚，蓋未見眞耳（註九）。

米芾因感於李營丘之擅於以淡墨寫景之妙藝，故乃喟然評述。謂：

李成淡墨如夢霧中，石如雲動，多巧少眞意（註一〇）。

李成不僅擅長以淡墨寫繪景趣，有時亦由興之所至而以「粉塡」之法配合淡墨以表現雪景幽寂冷逸之氣氛。鄧公壽之畫繼明白記云：

山水家畫雪景多俗，嘗見營丘所作雪圖，峯巒林屋，皆以淡墨爲之，而水天空處，全用粉塡，亦一奇也（註一一）。

李營丘善於探求水墨之幽微特性，從而把握淡墨對於描繪煙林清曠及蕭疏氣象之適切性能，因之，其筆底所創畫之平遠煙林遂能獲致幽淡清潤之極佳效果，無怪乎董玄宰要稱譽其墨法成就爲「惜墨如金」。至於李營丘高妙畫藝成就之評論歷代以來指不勝數，而其中以宋朝董逌所論述者最具精當深邃之見解。茲轉錄於後，作爲對李成畫藝成就之永恆禮讚。

> 營丘李咸熙士流淸放者也，故於畫妙入三昧，至於無蹊轍可求，亦不知下筆處，故能無蓬塊氣，其絕人處不在得眞形。山水木石，煙霞嵐霧間，其天機之動，陽開陰闔，迅發警絕，世不得而知也。故曰氣生於筆，遺於像，夫爲畫而至相忘畫者，是其形之適哉。非得於妙解者未有此者也（註一二）。

第二節　善用各種墨法之米芾

國人使用水墨作畫雖有極長久之歷史，對水墨畫之經營亦代有新猷，然各時代之宗師巨匠對水墨畫之創用多屬片面特技之發抒，猶未能宏發水墨全部精妙之性能，而對水墨畫作整體之發揮。

宋代米芾一出，挾其明敏過人之才資，專志鑽研藝術，廣事蒐羅，鑑閱歷代所傳世之名蹟巨構，然後一空依傍，振其高怪之思致，研創空前之絕藝，爲藝林留下可敬之新風格。

米芾在繪畫藝術上最大之貢獻，乃在於其所研創之「米氏雲山」之風格，而「米氏雲山」最佳之特點，則在於對水墨作最精妙之經營與最有效之運用。換言之，米氏擅於把握水墨之所有優良性能而作淋漓盡致之施用，把水墨之美妙性能發揮至最大之限度，此誠如董玄宰所稱譽之言：

> 老米畫難以渾厚，但用淡墨、濃墨、潑墨、破墨、積墨、焦墨盡得之矣（註一三）。

事實上，「米氏雲山」之景象乃是米芾綜合淡墨、濃墨、潑墨、破墨、積墨以及焦墨之特點而幻化爲濃墨濕筆之點皴，以洒脫豪放之手法信筆揮灑而成，因之，所布構完成之景象，乃呈現出一片朦朧迷茫、幽鬱奇逸之景趣，古今畫鑑遂稱譽其超乎凡格之畫蹟云：「天眞灑落，怪逕奇奇。」

「米氏雲山」之風格，因其略棄傳統畫藝之筆墨蹊徑，僅以水墨戲筆作悠舒之揮灑，因之，不明其畫藝深沉背景者難免要譏評其以偷巧之技法而得嘩衆取寵之功。明朝王世貞卽有如此之論見：

畫家中目無前輩，高自標樹，毋如米元章，此君雖有氣韻，不過一端之學，半日之功耳。然不免推尊顧陸，恐是好名，未必眞合（註一四）。

王世貞之譏評米元章目無前輩，高自標樹，固爲事實，如其論齊名一代之徐熙、黃筌兩家之花鳥畫體法，謂：「黃筌畫不足收，易摹；徐熙畫不可摹。」又謂：「黃筌惟蓮差勝，雖富艷皆俗」（註一五）。對崔白、侯封及馬賁等名家之畫藝，則蔑詆其僅能「汚壁茶坊酒店」（註一六）。而對被郭若熙譽論爲「三家鼎峙，百代標程」之關仝、李成、范寬之山水亦持偏激之言論：「關仝粗山，工關河之勢，峯巒少秀氣；李成淡墨如夢霧中，石如雲動，多巧少眞意；范寬勢雖雄傑，然深暗如暮夜晦暝，土石不分」（註一七）。對荊浩之作品亦斥爲「未見卓然驚人」（註一八）。甚至於對其所從遊之至友，被蘇東坡譽爲「有道有藝」之宋代不世出之白描泰斗李公麟之畫風，亦譏詆爲「李筆神采不高」（註一九）。古往今來畫家之中，似惟有以天眞平淡之筆法，寫江南山水之董巨師徒較爲米芾所敬重（註二〇）。然則，王世貞認爲米芾之畫藝爲「一端之學，半日之功」，則未免失之爲膚淺偏激之論。吾人若從米芾之熱衷於藝術之態度而潛心於師法前人與取資造化兩端觀之，乃知「米氏雲山」之創格並非偶然幸致、縱意成圖，乃是經由苦心經營，堅篤研鍊而成之超俗絕藝。

米芾平生熱愛藝術，視藝術有重於五王勳業，可從其「梟穢功名皆一戲」之詩句中窺見無餘，其詩序云：

杜甫詩謂薛少保惜哉功名迕，但見書畫傳。甫老儒汲汲於功名，豈不知固有時命。殆是平生寂寥所慕。嗟夫！五王之功業，尋爲女子笑，而少保之筆精墨妙，摹印亦廣。石泐則重刻，絹破則重補，又假以行者何可數也。然則才子鑒士，寶鈿瑞錦，繅襲數十，以爲珍玩。回視五王之煒煒，皆糠粃埃壒，奚足道哉！雖孺子知其不逮少保遠甚（註二一）。

因米芾之愛重藝術有甚於五王功業，故一生着意於藝術品之蒐藏及賞鑑，其私家所收藏之名蹟幾埒王府之庫藏，而其賞鑑過目之珍品尤難以勝計。而在其廣閱明鑑之過程中，已然胸儲腦印諸多名蹟之特藝秘法，並從中批評諸家之得失，而在批評中擷取諸家之精藝以爲己有，「更自立意，專爲一家，若不蹈襲前人，而實陰法其要」。就以其精於諸種墨法之使用，而在其「米氏雲山」之造境中作淋漓盡致之發揮而論，其輕巧婉約之淡墨技法，無疑乃從李成之「淡墨如夢霧中」之意趣得到啓示；其濃墨之混矇皴染，殆由范寬之「深暗如暮夜晦暝，土石不分」之風味中體貼而來。其煙蒸嵐繞，風雲聚會之潑墨韻致，應取法於王洽之遺風；具有石破天驚，勢崩雷電之破墨雄風，當私淑於張璪員外郎；宜於表現厚重質感之焦墨風範，則陰法荊關之態勢；至於積墨則直承董巨之精藝，寫繪煙雲吞吐之江南景觀。由此可見，米芾之精擅於各種墨法乃是其來有自，其法滙自多師，而成一藝之精，非一味縱情漫畫，盲目塗鴉者所可同提並論。

「米氏雲山」之超俗畫藝，不僅由於米芾之能集諸家墨法之訣要，以成一藝之精，另有一重要之因素，乃是米芾善於取資造化之微妙景觀，參酌其藝能必要之韻致，而益形充實其體法，增益其創意，從而完遂其空前之雲山風格。董其昌對米芾畫藝風格之形成，因受自然景觀之資助，有極重要之證言：

朝起看雲氣變幻，可收入筆端。吾嘗行洞庭湖，推篷曠望，儼然米家墨戲。又米敷文（米芾）居京口，謂北固諸山與海門連亙，取其境爲瀟湘白雲卷，故唐世畫馬入神者曰：「天閑十萬匹，皆畫譜也」（註二二）。

董其昌因大爲感慨米氏從造化悟得畫藝之奧妙，因而再三興言：

米南宮襄陽人，自言從瀟湘得畫境。已隱京口，南徐江上諸山，絕類三湘奇境。墨戲長卷，今在余家。余洞庭觀秋湖暮雲，良然，因大悟米家山法（註二三）。

董氏又有一則有關米氏畫藝取資自然景趣之記述：

米元暉又作海岳菴圖，謂於瀟湘得畫境，其次則京口諸山與湘山差類。今海岳圖亦在行笈中。元暉未嘗以洞庭北固之江山爲勝，而以其雲物爲盛。所謂天閑萬焉，皆吾師也。但不知雲物何以獨於兩地可以入畫。或以江上諸名山所憑空濶，四天無遮，得窮其朝朝暮暮之變態耳。此非靜者，何繇深解，故論書者曰：「一須人品高」，豈非品高則閒靜，無他好縈故耶？（註二四）

董其昌在此記述中，不僅說出「米家雲山」受自然景觀感應之關係，猶且連帶道出人品高與藝術造詣之關聯性，古諺有云：「人品不高，用墨無法」，足見人品與畫藝之緊密關係。米芾人品之清奇絕俗爲諸家著錄所常記載，故不贅述。然則，人品之高超，一爲資性之所賦，一爲學養之所致，要之，皆非短期所能培養者，而米芾天賦既高，其學養又豐厚雋深，加以其寓居之靈秀天然景氣之孕育藝術創意，其表現於雲山之墨法遂達於前無古人之化境，我國水墨之運施於畫藝之成就至米氏而極矣。故董其昌於讚譽老米盡得各種墨法之妙用，同時肅然起敬仰讚云：

畫至二米，古今之變，天下之能事畢矣！（註二五）。

第三節　墨法麗如染傳之夏珪

明王世貞在其藝苑卮言中，暢論歷來之山水嬗化演變之趨勢謂：

山水至大小李一變也，荆關董巨又一變也，李成范寬又一變也，劉李馬夏又一變也，大痴黃鶴又一變也。

其中劉李馬夏乃指南宋四大山水畫家之李唐、劉松年與馬遠、夏珪，此四家於畫藝上均有其個別獨特之精藝表現，故能同躋一代宗匠之地位，而共推山水畫演變進化之機運。

南宋四大家以夏珪之生世輩份最晚，故排行殿居其末，然則如以畫藝之成就而言，則居於翹楚地位。陳善之杭州志稱譽其繪畫成就，謂：

院中人畫山水，自李唐以下，無出其右。（註二六）。

而明代王汝玉更爲推崇夏珪傑出之藝能，謂：

所謂「李唐之下，無出其右者」，非邪。唐宋以來，君臣俱游心藝文，皆具畫院，以延攬名士良工，宋之南渡，馬夏稱首，若禹玉者，其可多得哉（註二七）。

嚴陵邵亨貞於析論夏珪之畫藝後，肯定譽評：蓋畫院中之首選也（註二八）。

夏珪藝能精妙之處特多，如綜論其風格之旨趣，則以文徵明之言論爲最精當：

醞釀墨色如傅染，筆法蒼古，氣韻淋漓（註二九）。

所謂醞釀墨色如傅染，乃是極言水墨技法表現之高超不群，施用於物景之墨色因皴染得法，渲淡得體，使畫境幻化出綺美生動之韻致之謂。醞釀墨色如傅染適足以道出夏珪水墨之高超造詣。因夏禹玉對水墨之造詣確然有其獨到之經營，故歷代諸家著錄紛紛稱述，佳評有如潮湧。

王穉登之江村銷夏錄評記夏珪之「長江萬里橫卷」，謂：

其水勢欲濺壁，石欲出雲，樹欲含霧，人物舟楫，樓櫓室廬，種種悉具。氣韻但用水墨，而神采燦爛，如五色莊嚴，可與李唐並駕爭先，馬遠諸人，皆當北面（註三〇）。

王汝玉記述夏禹玉「長江萬里圖卷」，謂：

宋寧宗朝畫院待詔夏珪，山水師李唐，用墨如傅粉，今觀長江萬里圖，往往潑墨縱筆，濃淡醞釀，出于自然，眞奇筆也（註三一）。

王穀祥評禹玉之水墨成就，云：

墨氣淋漓，高低醞釀，遠近濃淡，不繁而意足，更有不窮之趣（註三二）。

邵亨貞識禹玉之畫蹟，云：

禹玉居錢唐，早歲專工人物，次及山水，筆意蒼古，墨氣明潤，點染烟嵐，恍若欲雨，樹石濃淡，遐邇分明，蓋畫院中之首選也（註三三）。

大鑑賞家兼畫論家柯九思對夏珪之水墨成就，評謂：

醞釀墨色，麗如傅染，殆荊關以上人也（註三四）。

綜觀以上諸家著錄對夏珪水墨造詣之佳評，見解頗爲一致，足見「英雄所見略同」，也因此可以看出夏禹玉水墨之非凡成就。因其水墨技法臻達取質狀色之極致，故能產生「墨如傅粉」與「五色莊嚴」之神妙境界，以致文徵明在論述禹玉之水墨精藝之後，喟然興歎：

吾恐穠妝麗手，視此何以措置於其間哉！（註三五）。

夏珪之精擅於水墨布構景境，具有巧奪造化，墨生化機之功，故爲其所寫繪之畫境乃能令人興發神遊其境，陶醉其間，而忘乎世俗之憂慮。徐渭鑑賞夏珪「山水卷」之後，感奮興言：

觀夏珪此畫，蒼潔曠迥，令人舍形而悅影（註三六）。

陳衎觀賞夏珪「雲泉清話圖」之後，慨然作跋，云：

雲氣淋漓，樹影蒼鬱，使人欲就蔭焉（註三七）。

商輅嗜喜夏珪之水墨精藝，曾賦詩二首以讚譽之，其後四句乃其欣賞禹玉之感受。

方壺蓬萊終杳冥，未若此境堪怡情，一見令人塵慮消，乃知禹玉筆法精（註三八）。

爲印證古人對夏珪畫藝之熱烈讚詠，故以所見夏珪之「山水十二景圖卷」作勾精取要之說明以爲證言。此一圖卷爲夏珪諸多長卷名作之一，各卷均定有雅致之名稱，時至今日，此圖卷之大部分多已散失，僅卷末四景殘存，現藏於美國納爾遜美術館。

此「山水十二景圖卷」，雖名稱互異，似不相涉，然由殘存之四景內容以觀，則可窺知作者乃欲藉江邊之幽美景致，以表現一日之間江景變化之情狀。而在殘存之四景中，吾人不但能欣賞夏珪「尙蒼古而簡淡，喜用禿筆，樹葉間有夾筆，樓閣不用尺界，信手畫成，突兀奇怪，氣韻尤高」（註三九）之山水景趣，而且，更能從圖境中感受其墨法之幽奇豐美。

「遙山書雁」一景乃是以極簡練之筆法，寫繪一抹遠山，並在峯際之間點畫歸雁兩行，其畫面則全以墨氣渲暈而成，於是天濶鳥征，山遙江呑之淸曠意韻沛然而生，不繁而意足之妙藝於此可見。

「煙村歸渡」亦是以極簡練蒼老之筆法，配合淋漓酣暢之水墨寫繪江浦荒率之景色。此幅圖象乃著意於描寫向晚情景，暮靄微茫，江煙生晦，因而景色迷離，夏珪在此圖境中多以淋漓之水墨渲染而成，因其技法超妙，故呈現於眼前之畫境，則恍如「一片雲，因日成彩，光不在內，亦不在外，既無輪廓，亦無絲理，可以生無窮之情，而情了無寄」。夏珪之善於因情造景，以水墨醞釀景氣，不僅謂其能以畫入詩，更且以藝而進道矣。

「漁笛清幽」一景乃是巧妙運用虛空而與實境作妥切之配合，因而產生清遠空靈之幽逸境界。夏珪在此一微茫壯濶之畫面上充分發揮淡墨輕染之技法與濃墨皴寫之意趣，因而使造境上產生「虛實相生，無畫處皆成妙境」與「即使筆墨所未到，亦有靈氣空中行」之奇逸效果。

最後一卷爲「烟隄晚泊」，其用意乃在表示對江臯豐美景物作最後之歌頌。所寫繪之山岡與坡地，澳隅泊舟，歸途挑夫，城樓與樹簇均掩映於一片暮色之中。夏珪視山岡與坡石位置之不同而以大斧劈與拖泥帶水皴相互施用，近處之景象與遠處之江天，墨采因距離之差異而幻化生趣，使人對其水墨之奇妙施用產生「麗如染傳」與「五色莊嚴」之效果。而就整個景趣而言，則確然能令人感到「方壼蓬萊終杳冥，未若此境堪怡情，一見令人塵慮消」之雅興。

第四節 水墨淋漓酣暢之梁楷

梁楷爲一才思豐沛，畫藝技法變異多端之天才畫家，其平生所創用之畫技有信手揮寫，逸筆草草而景物之神氣奕奕完遂之「減筆」，另有筆法專重撇捺之「折蘆描」，以及專用於描寫人物衣摺之「釘頭鼠尾」等畫技，均爲後世所津津樂道。然其畫藝之中尤足令後人讚佩不置者，應屬水墨神妙之施用。因其對水墨畫法銳意之創營，故能脫棄前人之窠臼，而令人有一新耳目之感。明代大鑑賞家兼藝品收藏家吳其貞再三稱譽其墨法表現之清新脫俗，如對其「布袋羅漢圖」稱譽爲「紙墨如新」，對其「垂釣圖」亦譽之爲「氣色如新」。而古汴趙由儁對梁楷之水墨成就更作極力之推崇。謂：

畫法始從梁楷變，觀圖猶喜墨如新；古來人物爲高品，滿眼烟雲筆底春（註四〇）。

梁楷之所以有如此非凡脫俗之畫藝成就，乃是由於其能不恥於師人，而又能不拘於師法，不甘一味遵循前人之蹊徑爲滿足，乃以前賢之蹟趣作爲本身畫藝之觸機，進而以己意創造新風貌。梁楷之人物畫師法於賈師古，而賈師古則學從北宋白描泰斗李公麟。李公麟之白描畫法簡素雅淡，略無人間煙火味，在其當代已被推譽爲古今獨步，然其筆格嚴整，命意淵邃，營構精密，故其圖象所呈現之神韻有端嚴威懾之思致。而梁楷自賈師古過渡而師承李公麟白描畫法之神髓，攝取其簡淡無飾之筆墨意趣，而遺置精嚴營構之心機，僅以蕭爽渾融之水墨直掃意象之精神，故其以「減筆」信手揮就之人物，無不形簡而意足，神氣與水墨齊滙而共通。

自唐宋以來，純賴水墨機趣布構山水者多如過江之鯽，然以潑墨取譽者爲數則寥若晨星；至於以潑墨之技法寫繪人物者，則絕無僅有，梁楷殆爲潑墨人物畫之先驅，其潑墨人物之畫蹟亦屬登峯造極，就其傳世之「潑墨仙人」，卽可窺其精藝之一斑。

梁楷「潑墨仙人」之畫幅高四八・七公分，寬二七・七公分。該仙人之圖像自頂自踵全以水墨寫成，人物本身不弄巧姿，渾然直豎於畫幅之中。仙人之眼瞼略飾筆畫之外，全身均以淋漓之墨瀋揮掃而成，壯寬之胸脯與肥厚之袒腹，及圓禿而滑稽之頭顱，均以暈墨藉衣飾之紋痕染襯而成。故全圖有酣暢披離及飄逸圓遂之感，而無斬刻鈍滯之蹟。觀乎潑墨仙人因縱逸揮掃，以致水墨酣暢，元氣淋漓之機趣，誠足令人同感「觀圖猶喜墨如新」與「滿眼煙雲筆底春」之逸趣。

論者謂梁楷之減筆畫與潑墨人物，以簡率幽逸之水墨直取心象之所感，與禪宗「指心見性」之教義相爲吻合，並與石恪、牧溪之幽逸簡淡水墨精品同具「禪畫」之格趣，如此，則梁楷之潑墨人物畫風亦蘊含精微之「道理」矣。而人物畫之以潑墨技法出之，並能有如此精絕之表現，至梁楷可謂極矣！趙由儁謂「畫法始從梁楷變」，似僅道出事理之半。潑墨人物畫梁楷固是先驅，然其本身亦使其演創之新畫藝達於爐火純靑之極境，故應謂「梁楷變法由之，竟功亦由之」，方爲合理。

附註

一：清聖祖敕撰「佩文齋書畫譜」（新興書局，民國五十八年九月新一版），第二冊，頁一〇〇〇，見「唐朝名畫錄」文中。

二：于樸編「中國畫論彙編」（京華書局，民國六十一年十一月初版），頁四，見王維「畫學秘訣」文中。

三：見「中國畫論類編」（河洛圖書出版社，民國六十四年五月臺景印初版），頁三七。

四：同註二書，見頁三二九—三三〇。

五：「畫史叢書」（文史哲出版社，民國六十三年三月初版），見郭若虛「圖畫見聞誌」，頁一一二。

六：黃賓虹．鄧實編「美術叢書」，初集第九輯，見頁二六九。

七：同註五叢書，見「宣和畫譜」卷一一，頁一一四。

八：同註一書，第一冊，頁三七三。

九：同註三書，見頁六五二。

一〇：同註六叢書，二集第九輯，見頁五三。

一一：同註五叢書，見鄧椿「畫繼」卷九，頁七一。

一二：同註三書，見頁六五六。

一三：同註二書，見頁七七。

一四：同註三書，見頁一一六。

一五：同註六叢書，二集第九輯，見頁一二。

一六：同註六叢書，二集第九輯，見頁二九。

一七：同前註書集輯，見頁五三。

一八：同註一五書集輯，見頁一八。

一九：同前註書，見頁一九。

二〇：同前註書，見頁一一。

二一：同註一〇書，見頁三。

二二：同註二書，見頁七一。

二三：同註二書，見頁八四。

二四：同註二書，見頁八六。
二五：同註二書，見頁七七。
二六：「中國名畫家叢書」（中國美術出版社，民國六十一年十月初版），見頁四五七。
二七：同註五叢書，見厲鶚「南宋院畫錄」卷六，頁一三〇。
二八：同前註書卷，見頁一二九。
二九：同註二七書卷，見頁一二三。
三〇：同註二七書卷，見頁一三一。
三一：同註二七。
三二：同註二八。
三三：同前註。
三四：同註二九。
三五：同前註。
三六：同註二七書卷，見頁一三二。
三七：同前註。
三八：同註二七書卷，見頁一二六。
三九：同前註，見頁一一九。
四〇：同註二七叢書，卷五，見頁一一〇。

第十章　結　論

如所皆知，宋代爲我國繪畫藝術之黃金時代，而宋代之被譽爲我國繪畫藝術之黃金時代，乃是有其主觀與客觀因素所促成。就客觀因素而言，我國繪畫藝術因發展特早，而各朝代不論對繪畫理趣之講求，繪畫內容之增拓，以及表現技法之演練均有豐美之佳績，而且各代之藝壇大家既能師法傳統畫藝之良法，又能精運匠心，宏發創意，從而開創出畫藝之可敬新風規。

各朝代之藝術心法，如薪火之轉遞，歷久而不熄，藝術創作之熾風則因累積各代之優秀成果，以致愈近而愈見其豐郁壯盛。宋承唐朝及五代藝術蓬勃發展朝代之後，於客觀之形勢卽占有極大之時會便宜契機，當時各類畫科因經此時期之名家巨匠之銳意經營研創，已呈沛然滋長之勢，其勢態之昌旺，有如滔滔大河，雖未出龍門，已飽蓄一瀉千里之勢。

趙宋因紹承此一極有利之時會契機，對藝術之開展已得先天之厚澤。再加以有宋一代尙文治爲首功，始終採取左文右武之政策，積極提倡文藝，對繪畫藝術尤爲重視。爲化民成俗，培養儒雅溫文之國民氣質，故以美育爲要目，勸勗全民學習畫藝。爲隆重其事，乃於開國之初，卽興置畫院，開設畫科，教育畫學，而畫學之業包含佛道、人物、山水、鳥獸、花竹、屋木，並分士流與雜流（註一）。繪畫藝術既受朝廷之提倡與重視，因之，畫院之繪畫人才輩出。另一方面，在廣大之社會人士中對繪畫藝術亦多有嗜喜而精擅者，其中包含各階層之人物，上自帝王后妃，及於宗室貴胄，軒冕才賢乃至巖穴上士，韋布儒流，以及道士衲子，彼等人士雖抱游藝之才，勤習丹青之技，熱愛畫藝，然並不供職於畫院。因其不受畫院之囿制，故乃能以其清奇俊敏之才思寫繪清新脫俗、幽逸美妙之畫境，而此種格趣則與畫院專重格法，精嚴法律之體製大相逕庭。（請參閱拙著兩宋畫院之研究一書）然因畫院與院外之畫家在繪畫藝術之表現上各運奇思，欲創新猷，以標藝苑之令譽，因之於無形中形成兩股巨大的勢力，互相激盪，彼此競爭，而且亦相互師法對方之畫藝優點，遂使宋代繪畫藝術邁入一空前進步之境地。

宋代繪畫藝術既承唐朝及五代具有啓導開展性之時勢助益，又加上趙宋皇朝之積極提倡藝事，重視畫學之教育，再加以諸多文藝兼善之文士與藝人，諸如蘇軾、沈括、郭若虛、鄧椿、董逌、韓拙、郭熙、葛守昌等人之相率戮力闡揚畫理畫論，遂鼓煽宋人作畫之高昂興致，而宋畫於量於質均因之而獲致空前之進境。

稽諸畫史畫論，綜觀趙宋繪畫藝術之範疇，吾人對宋代藝術家之創畫精神最爲感佩。宋人對創藝所表現之態度有不重師法，專憑本身之資稟而自立一家風規者；有專志師法自然，而擬蹟於造化者；有因崇仰一家之精藝，而輸誠瓣香於至藝者；有轉學多師，欲採擷諸家之美而參成一藝之精者。要而言之，不論其出自天資不由師授，或以造化爲師，極寫天地之奧微，抑或兼資多師，學究天人，其揮毫臨素，輒能以「注精」、「嚴重」、「恪勤」之誠篤態度出之（註二），因之，宋畫乃形成多種引人入勝之不同風格，如恬靜、冷雋、精細、蒼秀、質朴、神奇、滂沛、秀潤、雄奇、穠郁與簡淡等體格。凡此皆爲畫藝一體之善者。然得此一體之專已足稱譽於時，垂範百代，而宋畫能同時表現如此多種珍貴之格趣，實爲國畫豐偉之獻猷。

宋代畫家不僅能創研諸種綺麗豐美之畫藝格趣，而且於表現之技法亦有超前絕後之佳績。如專重水墨之畫家，或爲表蒼莽清潤之景致，或爲表蕭條淡泊之逸氣，或爲表疎宕散逸之氣韻，而分別有惜墨如金、墨色莊嚴及潑墨淋漓之非凡創技。至於青綠一道，巨匠所表現之技趣則有精深靜細、彩繪煥赫，亦有玉潔冰清等可餐之宜人秀色。而繪形狀色之絕妙者，有爲取穠麗之生態，而開創布彩逼眞之沒骨畫；亦有妙在傅色，用筆極精細，幾不見墨蹟，但以五彩布成之寫生技法，凡此皆爲我國畫藝上最足珍貴之表現技法。

趙宋畫家平日雖然潛心專志於從事畫藝之創作，然亦多能對當代學術思潮作汲精茹華之毓養，因而轉資於藝術之創爲，故藝能之表現常呈新觀，繪畫內容亦因之而拓展爲繁富華嚴。宋代學術思想最能影響於畫學應推理學，因理學「尙理求眞」與「民胞物與」以及「萬物靜觀皆自得」等理念之啓廸，乃深鉅影響於畫家創畫之理趣。畫家因受「萬物靜觀皆自得」與「民胞物與」等觀念之啓發，遂視萬物爲可親可愛，因之，自然界之事象不分形體之巨細，亦不論其形姿之美醜，且不計其品類之貴賤，只要能藉丹青筆墨表出者，宋代畫家無不採資爲題材，「宇宙萬物皆畫稿」可謂宋代畫家積極拓展其畫藝題材與內容之最佳喻諺。另一方面，宋代在理學闡揚臻盛之時，多數才藝雙修之畫家因受理學「尙理求眞」理念之霑溉，於作畫之際每能兼顧氣韻與理法之同時表出。猶有甚於此者，畫家爲表畫境之超逸靈妙，乃以文學淸新之思致，佯聯幽美之情景，滙凝爲「以意造理」之機趣，從而開創出逸趣曼妙、韻味無窮之畫境。總之，宋代畫家因勤於創畫，又能精研畫理，而又採擷當代盛行之理學觀念再揉合詩文之淸新韻致，融化爲藝術之創意，因之，宋代繪畫藝術乃獲致「無物不備，無畫不美，無美不臻」之最高境界。

綜上以言，宋代繪畫藝術因能秉承我國優良之國畫傳統，且具有「健全」、「完美」及「內在充沛之創造力」，故爲我國文化中之瓌寶。方今我國正值大力提倡復興文化之際，吾人應特別珍惜與維護宋代繪畫藝術，並且進而積極闡揚宋代之美術思想，宏發宋人創畫之可敬精神，從而喚起國人產生繼往開來，承先啓後之襟度，開創出一可大可久、又新又偉之國畫大觀，藉此作爲復興我中華文化之礎石，並且以此文化力量化爲復國建國之主力。

附註

一：見馬端臨「文獻通考」卷四二。記謂：「畫學之業：曰佛道，曰人物，曰山水，曰鳥獸，曰花竹，曰屋木。以說文、爾雅、方言、釋名教授。說文則令書篆字，著音訓。餘書皆設問答。以所解義，觀其能通畫意與否？仍分士流、雜流，別其齋以居之。（下略）」

二：于樸編「中國畫論彙編」（民國六十一年十一月出版），頁一八，見郭熙「山水訓」文中。

參考文獻

(一)中文書籍目錄

作者	書名	出版書局	版本
厲鶚	南宋院畫錄	文史哲出版社(畫史叢書)	民國六十三年三月初版
鄧椿	畫繼	文史哲出版社(畫史叢書)	民國六十三年三月初版
郭若虛	圖畫見聞誌	文史哲出版社(畫史叢書)	民國六十三年三月初版
撰人不詳	宣和畫譜	文史哲出版社(畫史叢書)	民國六十三年三月初版
夏文彥	圖繪寶鑑	文史哲出版社(畫史叢書)	民國六十三年三月初版
張彥遠	歷代名畫記	文史哲出版社(畫史叢書)	民國六十三年三月初版
胡敬	國朝院畫錄	文史哲出版社(畫史叢書)	民國六十三年三月初版
董其昌	畫眼	藝文印書館(美術叢書)	第四版影印本
沈顥	畫麈	藝文印書館(美術叢書)	第四版影印本
秦祖永	繪畫津梁	藝文印書館(美術叢書)	第四版影印本

作者	書名	出版書局	版本
屠隆	畫箋	藝文印書館(美術叢書)	第四版影印本
陳繼儒	書畫史	藝文印書館(美術叢書)	第四版影印本
陳繼儒	妮古錄	藝文印書館(美術叢書)	第四版影印本
汪珂玉	珊瑚網畫繼	藝文印書館(美術叢書)	第四版影印本
汪珂玉	珊瑚網畫法	藝文印書館(美術叢書)	第四版影印本
周密	雲煙過眼錄	藝文印書館(美術叢書)	第四版影印本
郭熙	林泉高致	藝文印書館(美術叢書)	第四版影印本
米芾	畫史	藝文印書館(美術叢書)	第四版影印本
謝赫	古畫品錄	藝文印書館(美術叢書)	第四版影印本
湯垕	畫論	藝文印書館(美術叢書)	第四版影印本
莫是龍	畫說	藝文印書館(美術叢書)	第四版影印本
蓮儒	畫禪	藝文印書館(美術叢書)	第四版影印本
李澄叟	畫山水訣	藝文印書館(美術叢書)	第四版影印本
張激	畫錄廣遺	藝文印書館(美術叢書)	第四版影印本
李薦	畫品	藝文印書館(美術叢書)	第四版影印本

作者	書名	出版書局	版本
楊王休	宋中興館閣儲藏圖畫記	藝文印書館(美術叢書)	第四版影印本
厲鶚	南宋院畫錄補遺	藝文印書館(美術叢書)	第四版影印本
米芾	海岳名言	藝文印書館(美術叢書)	第四版影印本
米芾	寶章待訪錄	藝文印書館(美術叢書)	第四版影印本
陳師曾	中國文人畫之研究	藝文印書館(美術叢書)	第四版影印本
宗炳	畫山水敍	京華書局(中國畫論彙編)	民國六十一年十一月初版
蕭繹	山水松石格	京華書局(中國畫論彙編)	民國六十一年十一月初版
王維	畫學秘訣	京華書局(中國畫論彙編)	民國六十一年十一月初版
荆浩	畫山水賦附筆法記	京華書局(中國畫論彙編)	民國六十一年十一月初版
李成	山水訣	京華書局(中國畫論彙編)	民國六十一年十一月初版
韓拙	山水純全集	京華書局(中國畫論彙編)	民國六十一年十一月初版
饒自然	繪宗十二忌	京華書局(中國畫論彙編)	民國六十一年十一月初版
董其昌	畫旨	京華書局(中國畫論彙編)	民國六十一年十一月初版
撰人不詳	中國名畫家叢書	中國美術出版社	民國六十一年十月初版
清聖祖敕撰	佩文齋書畫譜	新興書局	民國五十八年九月新一版

作者	書名	出版書局	版本
撰人不詳	大宋宣和遺事	台灣商務印書館	民國五十六年十月臺二版
沈括	夢溪筆談	台灣商務印書館	民國五十九年六月臺二版
余紹宋	書畫書錄解題上下	台灣中華書局	民國五十七年四月一版
福開森	歷代著錄畫目上下	台灣中華書局	民國五十七年十一月台一版
吳其貞	書畫記	文史哲出版社	民國六十年二月影印初版
撰人不詳	宋元明清畫家年表	文史哲出版社	民國六十二年四月初版
編者不詳	中國歷代書畫篆刻家字號索引	文史哲出版社	民國六十二年十二月初版
錢興華	中國美術年表	五洲出版社	民國五十七年五月出版
邢光祖	圓形與十字	廬山出版社	民國六十一年八月初版
撰人不詳	繪畫與文學	台灣開明書局	民國五十七年四月台二版
撰人不詳	藝術趣味	台灣開明書局	民國六十二年十二月台五版
撰人不詳	談美	台灣開明書局	民國六十三年三月重八版
朱光潛	文藝心理學	香港鴻儒書坊	一九六七年六月八版
江畬經編	宋代小說筆記選	台灣商務印書館	民國六十一年四月臺一版
鮑少游	故宮博物院名畫之欣賞	台灣商務印書館	民國六十二年五月初版

作者	書名	出版書局	版本
松泉老人	墨緣彙觀錄	台灣商務印書館	民國五十九年一月臺一版
莊申	中國畫史研究	正中書局	民國五十八年六月臺三版
莊申	中國畫史研究續集	正中書局	民國六十一年九月臺初版
莊申	王維研究上集	萬有圖書公司	民國六十年四月香港初版
葛賀編	歷代題畫詩鈔	遠東圖書公司	民國五十九年一月初版
程進科編	中國古代藝術精華	華聯出版社	民國六十二年五月出版
楊炎傑編	中國山水畫	藝術圖書公司	民國六十二年十月初版
楊炎傑編	中國花鳥畫	藝術圖書公司	民國六十一年十月初版
馮振凱	中國美術史	藝術圖書公司	民國六十三年五月初版
馮振凱	中國的繪畫	藝術圖書公司	
胡敬	胡氏書畫考三種	漢華文化事業公司	民國六十年二月初版
王家誠	中國文人畫家傳	大江出版社	民國六十年四月初版
錢穆	中國文化叢談上下	三民書局	民國五十九年八月再版
劉勰	文心雕龍	台灣時代書局	民國六十四年二月出版
王國維	人間詞話	大方出版社	民國六十三年四月出版

作者	書名	出版書局	版本
編者不詳	詩詞欣賞	新陸書局	民國五十三年四月再版
編者不詳	唐詩三百首	易知圖書公司	民國六十一年元月出版
虞君質等	中國美術史論集	中國文化出版委員會	民國四十四年十一月初版
李霖燦	山水畫皴法・苔點之研究	國立故宮博物院印行	民國六十五年六月初版
凌琴如	蘇軾思想探討	台灣中華書局印行	民國五十三年三月初版
錢穆	宋明理學概述一、二	中華文化出版事業委員會	民國四十二年六月初版
伯精等	論山水畫	台灣學生書局	民國六十年十月初版
大村西崖著 陳彬龢譯	中國美術史	商務印書館	民國五十七年五月臺二版
王德昭譯	中國美術史導論	正中書局	民國四十三年
伍蠡甫	談藝錄	商務印書館	民國五十七年五月臺二版
汪伯琴	藝事管規	商務印書館	民國五十九年
杜學知撰	未堂論畫	商務印書館	民國五十九年
呂佛庭	中國畫史評傳	中國文化研究所	民國五十三年三月臺初版
李霖燦	中國畫史研究論集	台灣商務印書館	民國五十九年十月初版

作者	書名	出版書局	版本
俞劍方	中國繪畫史上下	台灣商務印書館	民國五十七年三月臺初版
滕固	中國美術小史	台灣商務印書館	民國六十二年十一月臺一版
翁同文	藝林叢考	聯經出版事業公司	民國六十六年六月初版
姚一葦	藝術的奧秘	台灣開明書局	民國五十八年三月二版
高準	中國繪畫史導論	新亞出版社	民國六十一年八月初版
徐復觀	中國藝術精神	學生書局	民國五十六年
傅抱石	中國繪畫理論		民國三十三年
虞君質	藝術概論	大中國圖書公司	民國五十七年五月初版
禚夢奄	宋代人物與風氣	台灣商務印書館	民國五十九年
鄭昶	中國畫史全集	台灣中華書局	民國四十八年
覃旦冏主編	中華藝術史綱上中下	光復書局	民國六十二年九月臺初版
撰人不詳	中國畫論類編上下	河洛圖書出版社	民國六十四年五月臺影印初版

(二)中文論文目錄

撰者	題目	發表刊物	卷期
莊尙嚴	秦漢美術	中華文化出版委員會	民國四十四年十一月
黃君翁	宋代美術	同右	同右
李霖燦	中國畫史的重建	大陸雜誌	第三十一卷第五期
曹樹銘	蘇東坡之書畫	大陸雜誌	第四十一卷十期
曹樹銘	李龍眠之研究	同右	第四十卷七、八期合刊本
尙達齋	論國畫風格的演變上下	同右	第十三卷六、七期
胡克敏	寫生與寫意	美術	第二卷四期
馬壽華	論國畫中之山水畫	同右	第三卷六、七期合刊
姚夢谷	中國畫的似與不似	藝術論壇	第二卷四期
余　城	兩宋繪畫的研討上下	中華文化復興月刊	第五卷九、十期
莊尙嚴	赴美展覽名畫之甄選及其意義	文星雜誌社	中國古藝術品赴美展覽專刊 民國五十年四月第二版
高仁俊	宋徽宗的書畫造詣	同右	同右
申若俠	古畫志趣	同右	同右
馬壽華	我國的傳統繪畫	美術學報	民國五十五年十月創刊號

撰者	題目	發表刊物	卷期
呂佛庭	繪畫的四種境界	美術學報	民國五十五年十月創刊號
姚夢谷	中國水彩畫探研	同右	同右
劉笑芬	中國花鳥畫之研究	中國文化學院	民國六十年六月
高輝陽	米芾其人及其書法	同右	民國六十二年六月

㈢外文書籍目錄

作者	書名	出版書局	版本
鈴木敬	畫學を中心とした徽宗畫院の改革と院體山水畫樣式の成立	東洋文化研究所紀要	第三十八册（抽印本）

The Foundations of Chinese Art by William Willetts

Chinese,Painting by Osvaid Siren

圖版

圖野平林寒　　成　李

李成　巒峯琪樹圖

李成　寒林圖

范寬　谿山行旅圖

范寬　雪山蕭寺圖

圖堂山天洞　源董(傳)

董源　寒林重汀圖

燕文貴　溪山樓觀圖（部分）

許道寧　關山密雪圖

郭　熙　早春圖

郭　熙　山莊高逸圖

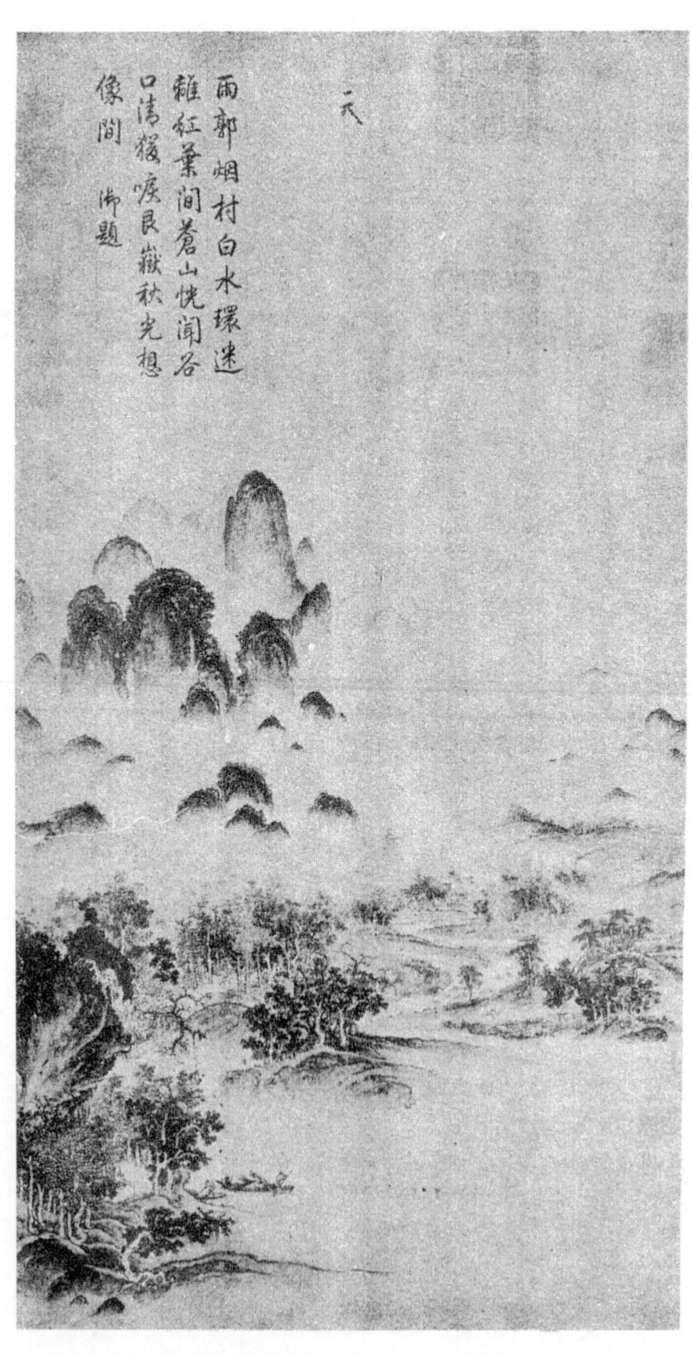
雨郭烟村白水環迷
雜紅葉間蒼山恍聞谷
口清猨唳艮嶽秋光想
像間　御題

徽宗　谿山秋色圖

米　芾　　春山瑞松圖

王詵　煙江疊嶂圖（局部）

李　唐　江山小景圖

圖風松壑萬　唐　李

蕭　照　山腰樓觀圖

馬和之　古木流泉圖

李嵩　赤壁泛舟圖

馬遠　雪圖卷之一

馬遠　雪圖卷之二

夏珪　山水卷之三

夏珪　谿山清遠圖

夏　珪　　谿山清遠圖

夏珪　風雨圖

黃居宷　山鶡棘雀圖

崔白　雙喜圖

趙　昌　歲朝圖

易元吉　猴貓圖

惠崇　秋浦雙鴛圖

徽　宗　紅蓼白鵝圖

妖勁挺持盛
或述翱荆雞
已知全五德
安逸勝鳧鷖

真知殿御製并書一

徽宗　芙蓉錦鷄圖

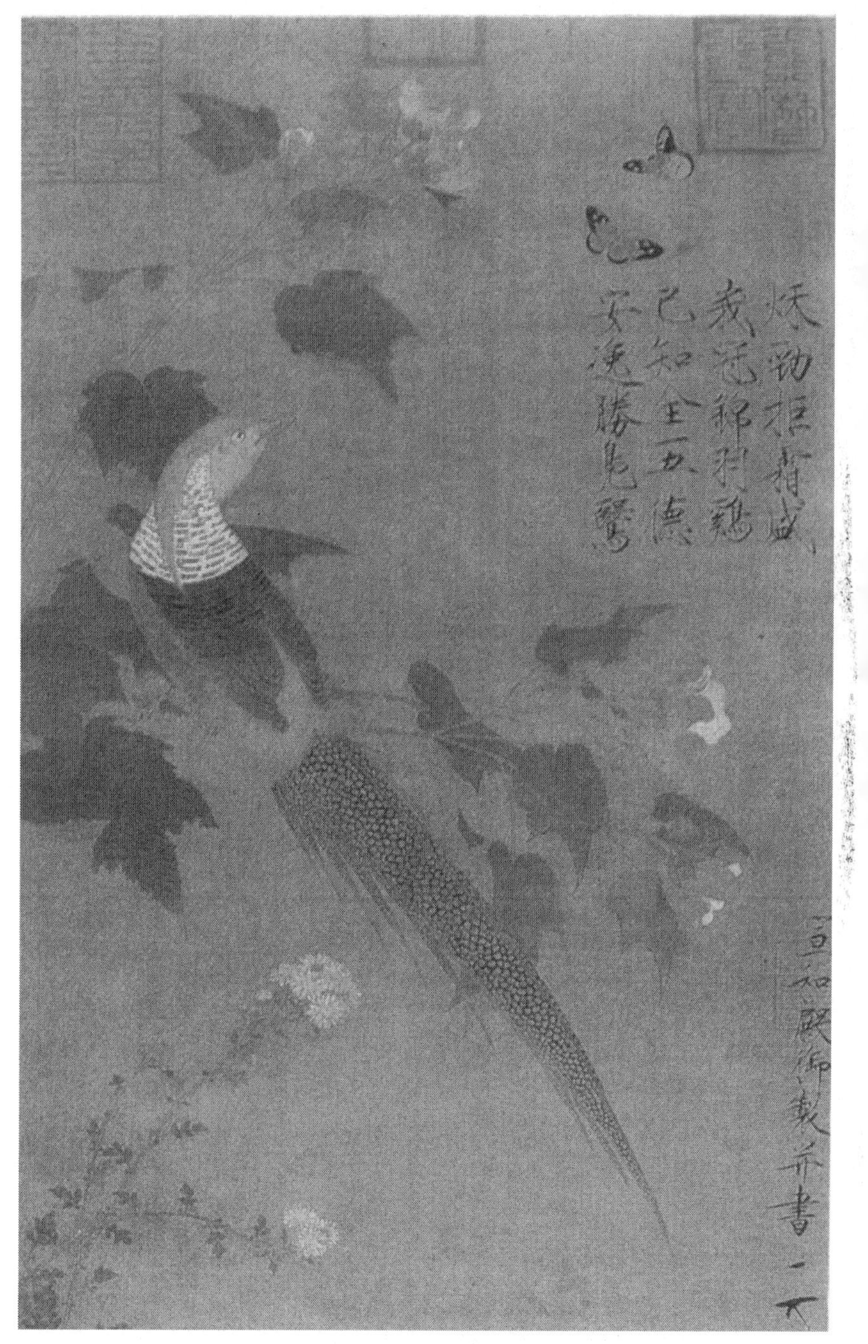

徽　宗　桃鳩圖

李廸　秋卉草蟲

寫　常法

林　椿　果熟來禽圖

馬遠　雪灘雙鷺

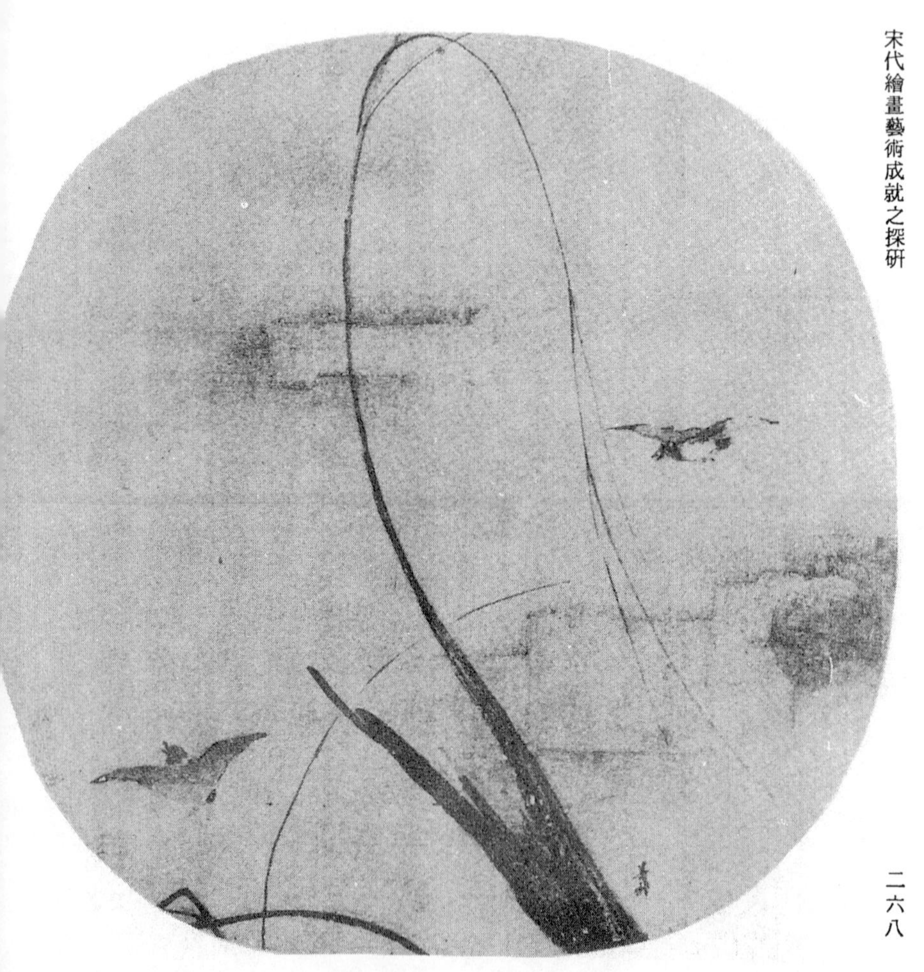

梁楷　柳枝飛鳥

武宗元　朝元仙仗圖（部分）

李公麟　維摩詰圖

李公麟　免冑圖（部分）

徽宗　摹張萱擣練圖（部分）

劉松年　羅漢圖

地行不藏名和
經大仙
陽一
河浪河
毛逐一河浪流一
仙宴巢
浦楼
神尚橫

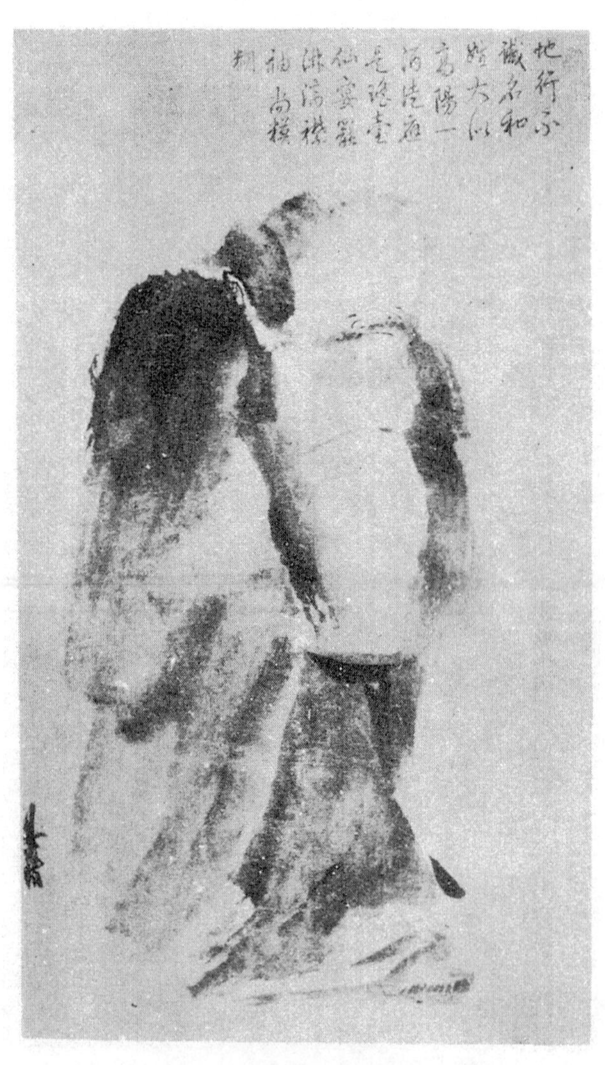

梁　楷　潑墨仙人

梁楷　李白行吟圖

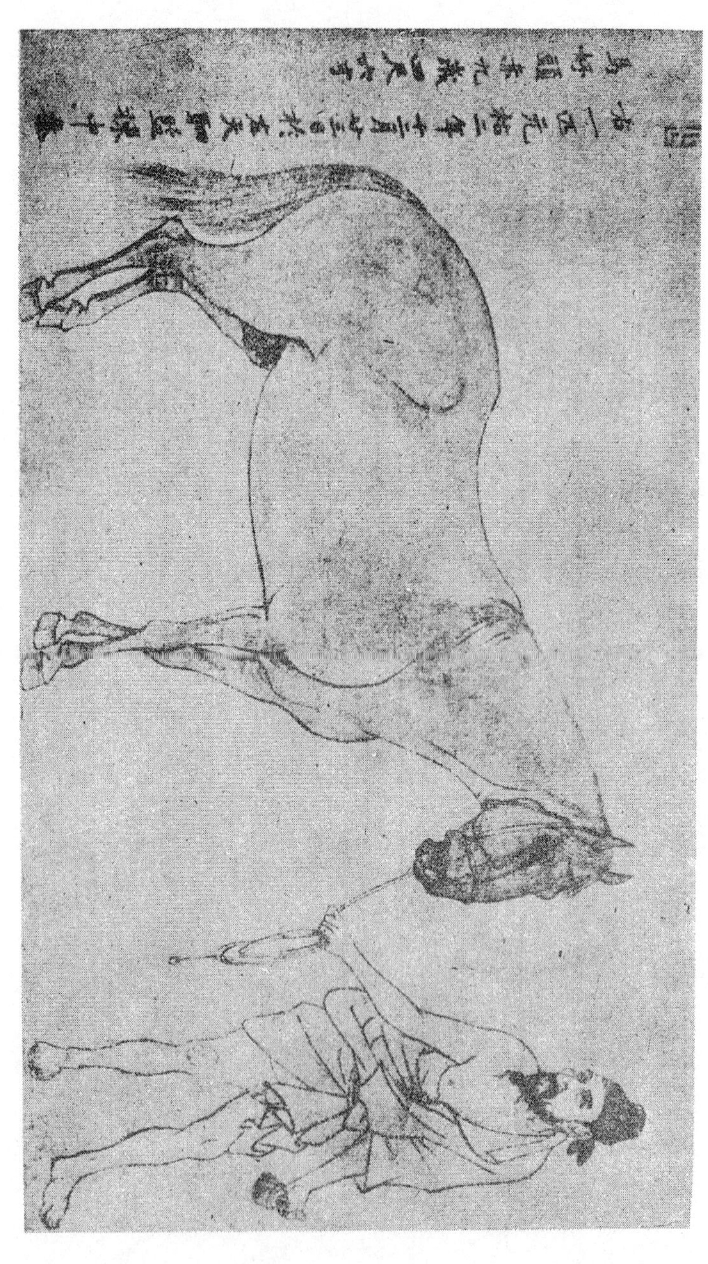

李公麟　五馬圖（部分）

李公麟　五馬圖（部分）

李　廸　　風雨歸牧圖

宋人　春野

圖竹墨　同　文

蘇　軾　墨竹圖